Horst Opaschowski

Besser leben statt mehr haben

Horst Opaschowski

Besser leben statt mehr haben

Wie wir die Zukunft der
nachfolgenden Generationen sichern

 KÖSEL

Sollte diese Publikation Links auf Webseiten Dritter enthalten, so übernehmen wir für deren Inhalte keine Haftung, da wir uns diese nicht zu eigen machen, sondern lediglich auf deren Stand zum Zeitpunkt der Erstveröffentlichung verweisen.

Penguin Random House Verlagsgruppe FSC® N001967

Copyright © 2023 Kösel-Verlag, München,
in der Penguin Random House Verlagsgruppe GmbH,
Neumarkter Str. 28, 81673 München
Umschlag: zero-media.net, München
Umschlagmotiv: FinePic®, München
Druck und Bindung: GGP Media GmbH, Pößneck
Printed in Germany
ISBN 978−3−466−37297−3
www.koesel.de

Inhalt

Für Elke,
mit der meine Zukunft begann

»Es ist nicht unsere Aufgabe,
die Zukunft vorauszusagen,
sondern auf sie gut vorbereitet zu sein.«

Perikles (um 490–429 v. Chr.),
Politiker und Staatsmann in Athen

Vorwort

»Wirtschaftswachstum ist das Ergebnis
der Anstrengungen der Menschen,
es besser zu machen als bisher.«[1]

Ganz nah am Lebensgefühl:
Die Welt im Wandel –
der Mensch im Mittelpunkt

Von Voltaire stammt die Aussage: »Le mieux est l'ennemi du bien«[2] (»Das Bessere ist des Guten Feind«). Das Gute muss weichen, wenn etwas Besseres möglich ist. Dies kann nur der Anspruch sein: Gut ist nicht gut genug. Lasst uns besser werden! Dies lässt sich auch historisch begründen und belegen. 1798 stellte Immanuel Kant erstmals die Frage: »Welchen Ertrag wird der Fortschritt zum Besseren dem Menschengeschlecht abwerfen?«[3] Er bezog sich dabei auf Jean-Jacques Rousseau[4], für den »progrès« zur »notre véritable félicité«, also zur wahren Glückseligkeit beitragen sollte. Rousseau war seinerzeit nicht der Erfinder, wohl aber der erste Kritiker der Fortschrittsidee. Seither gelten technologische, ökonomische und gesellschaftliche Errungenschaften nur noch dann als Fortschritt, wenn sie das Leben besser machen helfen.

Eine solche Option eint die Deutschen derzeit bei der aktuellen Bewältigung permanenter Krisen: »Besser leben statt mehr haben ist ein erstrebenswertes Lebensziel«, sagt die überwiegende Mehrheit der Bevölkerung mit wachsender Tendenz. Der Wunsch nach einem besseren Leben ist das Gefühl der Stunde in anhaltend unsicheren Zeiten – verbunden mit der Vorstellung »Weniger ist mehr«. Was verbirgt sich hinter diesem Wunschdenken? Eine vorübergehende Realitätsflucht oder eine grundlegende Verhaltensänderung in Richtung auf eine bessere Zukunft für sich und kommende Generationen?

In mehreren Befragungswellen habe ich im Rahmen meiner Grundlagenforschung im OIZ/Opaschowski Institut für Zukunftsforschung in den Jahren 2019, 2020, 2021, 2022 und 2023 repräsentativ jeweils 1000 Personen ab 14 Jahren in Deutschland mit gleichlautenden Fragestellungen nach ihrem persönlichen und sozialen Wohlergehen befragt. Die Ergebnisse sind ein Spiegelbild der Gefühls- und Lebenslage der Deutschen im Zeitverlauf der letzten Jahre.[5] Sie zeigen empirisch nachweisbare Veränderungen in den Einstellungen und Verhaltensweisen der Menschen »vor« und »in« der Krise. Die in diesem Buch dargestellten Aussagen sind mehrheitsfähig, weil ihnen – repräsentativ ermittelt – jeweils eine deutliche Mehrheit der Bevölkerung in Deutschland zustimmt. Negativ betrachtet ist auf diese Weise eine Art Risikomonitor entstanden, positiv gesehen ein Chancenmonitor für die Zukunft. Die Befragten sagen, wie sie trotz bzw. nach der Krise leben wollen.

Doch wie verlässlich können solche Aussagen und Prognosen sein? Um es deutlich zu machen: Aufgabe der Zukunftsforschung ist es nicht, die Zukunft präzise vorauszusagen, sondern auf mögliche Zukünfte gut vorzubereiten. Im Jahr 2004 veröffentlichte ich beispielsweise die Zukunftsstudie *Deutschland 2020*. Darin wurde prognostiziert dass um 2020 zwei Lebenskonzepte dominieren werden: Erstens das gesundheitsorientierte Lebenskonzept, in dem Gesundheit als das wichtigste Lebensgut angesehen wird, und zweitens das sozialorientierte Lebenskonzept, in dem Partnerschaft, Familie und Kinder wieder mehr zum Lebensmittelpunkt werden.[6] Das waren positive Zukunftsprognosen aus der Sicht von 2004.

Zugleich aber wurden auch mögliche negative Szenarien (»worst cases«) aufgezeigt, die aus der Sicht von damals »ziemlich unwahrscheinlich« waren, aber »weitreichende Folgen für Wirtschaft, Politik und Gesellschaft haben können – wenn sie eintreten«.[7] Dazu zählte ich seinerzeit unter anderem »Krieg als Außenpolitik: das Ende der Diplomatie«, »Klimawandel wie Überschwemmungen, Erdbeben und Vulkanausbrüche« sowie die »Verseuchung der Erde durch Bakterien und Viren«.

Inzwischen ist es tatsächlich so weit: Krieg, Klimawandel und Pandemie halten und haben uns voll im Griff. Die Folgen bleiben nicht aus.

Zusätzlich und zeitgleich führe ich seit 2012 gemeinsam mit dem Ipsos-Institut den Nationalen Wohlstandsindex für Deutschland (NAWI-D) durch.[8] Jeweils in den Monaten März, Juni, September und Dezember werden 2000 Personen ab 14 Jahren je Erhebungswelle befragt. Die Datenerhebung erfolgt mittels persönlicher Interviews in den Zielhaushalten. Ipsos ist weltweit die Nummer drei in der Marktforschungsbranche mit mehr als 18.000 Mitarbeitern in neunzig Ländern. Auf diese Weise werden auf breiter Ebene die Meinungen und Motivationen der Bevölkerung erforscht. In Deutschland sind rund sechshundert Mitarbeiter in den sechs Standorten Hamburg, Mölln, Berlin, Frankfurt, Nürnberg und München aktiv, die den Interviewerstamm betreuen.

Die Befragten machen bei den Interviews konkrete Angaben zu ihrem subjektiv empfundenen Wohlergehen. Dazu gehören nicht nur wirtschaftliche Faktoren wie Arbeitsplatz- und Einkommenssicherheit. Auch individuelle, gesellschaftliche und ökologische Faktoren fließen in die persönliche Gesamtbewertung mit ein. So erklärt sich ein Anspruch dieser Zukunftsstudie: Ganz nah am Lebensgefühl der Menschen – in Vorkrisenzeiten genauso wie in Krisenzeiten. Und je länger die Krisenzeiten anhalten, desto nachhaltiger wird der Einstellungswandel zum Lebenswandel werden.

Wenn nicht anders vermerkt (zum Beispiel bei Jahresvergleichen mit Vor-Coronazeiten), beziehen sich die angegebenen Prozentzahlen auf die OIZ-Repräsentativumfragen im Zeitraum von 2019 bis 2023, schließen also Vor-Coronazeit und Ukrainekrieg mit ein. In dieser Zeit hat eine neue Ära der Wohlstandsentwicklung in Deutschland und der Welt begonnen. Seit Kriegsbeginn sind wir nach den Worten von Außenministerin Annalena Baerbock »in einer anderen Welt aufgewacht«, was Bundeskanzler Olaf Scholz drei Tage nach Russlands Überfall auf die Ukraine eine »Zeitenwende« nannte.

Wird die Zeitenwende zur Wohlstandswende? Wohlstandswende muss keineswegs Wohlstandsverlust bedeuten, kann auch eine Wende zum Besseren sein. Während in der modernen Trendforschung ein Sound der Hoffnungslosigkeit vorherrscht und eine Epidemie des Zynismus beschrieben wird, die angeblich in der Bevölkerung eine »Angst vor besseren Optionen«[9] entstehen lässt, bleibt für die wissenschaftliche Zukunftsforschung das »Prinzip Hoffnung« (Ernst Bloch)[10] fundamental: die Pflicht zum (Zukunfts-)Optimismus. Die Menschen wollen und fordern es so. Insbesondere die junge Generation im Alter bis zu 24 Jahren meldet nach den OIZ-Erhebungen positiven Zukunftshunger an: »Ich wünsche mir mehr Optimismus in unserer Gesellschaft.« 93 Prozent der jungen Generation haben Lust auf Zukunft. Mehr geht wirklich nicht. Zukunft ist ein anderes Wort für Hoffnung. Die Jugend wird zum wichtigsten Hoffnungsträger.

Horst Opaschowski

BESSER LEBEN WOLLEN

Vom Waren-Wohlstand zum wahren Wohlstand
Das neue Wohlstandsdenken

Frühe Forderung aus den Siebzigerjahren
»Das faszinierte Starren auf die durch Arbeit und Fleiß hervor-
gebrachten Wachstumsraten hat uns für nicht-ökonomische
Wertvorstellungen blind gemacht. Wir müssen jetzt genug
Phantasie und vor allem Mut aufbringen, um die weitere
gesellschaftliche Entwicklung qualitativ zu steuern. Die aus-
schließliche Konzentration auf Wachstumssteigerung und die
Einführung technischer Neuerungen sind abzulehnen, wenn
schwerwiegende sozial und ökologisch nachteilige Folgen
zu erwarten sind.«[11]

Wege aus der Krise:
Was wirklich zählt im Leben

Als ich diese Zeilen 1974 im Rahmen eines »Plädoyers für eine Neubewertung von Arbeit und Freizeit« schrieb, befand sich Deutschland inmitten eines Wertewandels.

Nach dem Zweiten Weltkrieg hatte es hierzulande einen schnellen wirtschaftlichen Aufschwung gegeben, der bis etwa 1972/73 andauerte, lediglich unterbrochen von einer Rezession im Jahr 1967. Beginnend mit den Studentenprotesten der 1968er-Jahre, bildeten sich neue soziale Bewegungen, die sich auf alle Bereiche des gesellschaftlichen wie politischen Lebens auswirkten. Hinzu kam die sogenannte Ölkrise, die bereits im Jahr 1973 die Abhängigkeit der Industriestaaten vom Erdöl aufzeigte und eine Wirtschaftskrise sowie steigende Arbeitslosigkeit nach sich zog. Ein herber Schlag für das deutsche Wirtschaftswunder, das, wie jedes wirtschaftliche Wachstum, gerne als Gradmesser für Wohlstand und Zufriedenheit angesehen wurde. Doch wie in Krisen üblich, treten materielle Werte nach einer Phase der Angst und Unsicherheit zunehmend in den Hintergrund. Die Menschen beschäftigen sich damit, was wirklich im Leben zählt.

Angesichts einer neuerlichen Krisensituation der 2020er-Jahre stellt sich die Frage: Zeigen wir heute vergleichbare Reaktionsweisen wie die Generationen vor uns in Kriegs- und Nachkriegszeiten? Wird es nach dem *Nachkriegsboom* in naher Zukunft einen *Nachkrisenboom* geben, eine Art zweites Wirtschaftswunder? Wird mit dem allmählichen Abebben der Krisenangst in Deutschland das Tor zu einem wirtschaftlichen und auch gesellschaftlichen Neubeginn weit aufgestoßen? Kommt nach der Ebbe die Flut?

Als Zukunftsforscher kann ich keine Kriege und globalen Konflikte voraussagen, wohl aber Erkenntnisse liefern, wie Menschen auf Krisen und kritische Ereignisse reagieren. Es gibt psychologisch begründbare Grundsätze menschlichen Verhaltens – von Alltagsritualen bis zu statistisch erfassbaren Regelmäßigkeiten.

Unbestritten prägen solche Erfahrungen die Menschen auf lange Zeit und manchmal auch ein ganzes Leben. Werden also die jungen Menschen, die während der Coronakrise, der Ukrainekrise und der Energiekrise aufwachsen, zu einer neuen »Generation Krise« oder »Postkrise« – wie die Kriegs- und Nachkriegsgenerationen nach 1945 auch, die nachweislich lebensprägende Krisenerfahrungen gemacht und mit Notzeiten zu leben gelernt haben?

Wende zum Weniger:
Abschied vom Immer-Mehr

Die Zweifel am Immer-Mehr, am Konsum als Indikator für ein gutes, gelingendes Leben, haben weltweit eine lange Geschichte. Sie leben in den permanenten Krisenzeiten der letzten Jahre neu und heftig wieder auf. Erinnert sei an Robert F. Kennedys historische Rede vom 18. März 1968 in der Universität von Kansas.[12] Darin kritisierte er die gedankenlose Anhäufung materieller Werte zulasten der Gemeinschaftswerte (»community values«) und auch der persönlichen Vervollkommnung (»personal excellence«). Luftverschmutzung, Gefängnisse, Atomsprengköpfe und Panzerwagen erhöhen nachweislich das Bruttonationaleinkommen, das alles misst – außer dem, was das Leben lebenswert macht, wie Kennedy hervorhob.

Auch in Deutschland gilt das Bruttoinlandsprodukt (BIP) weiterhin als Maßstab für Wohlstand und Lebensqualität, obwohl es mittlerweile veraltet und zu einseitig materiell fixiert ist: Ressourcenverbrauch und Artensterben bleiben ausgeblendet, das Wohlergehen der Bürger auch. Eine solche Betrachtungsweise spiegelt mehr Bürgerferne als Bürgernähe wider. Schließlich ist aus der Sozialforschung seit Jahren bekannt, dass »Bürger und Politiker in völlig unterschiedlichen Wertewelten leben«[13]: Politiker präferieren vor dem Hintergrund des bereits angesprochenen sozialen Wandels Werte wie Toleranz und Gerechtigkeit. Bürger finden hingegen persönliche Freundschaften und Lebenstugenden wie Ehrlichkeit und Verlässlichkeit besonders wichtig. Die Bürger denken an mitmenschliche Nähe und Emotionalität, die Politiker mehr an gesellschaftliche Anforderungen und Vernunft. Kurz: Die Bürger fühlen, die Politiker fordern.

Die Bezugssysteme und Wertehierarchien beider Gruppen sind alles andere als deckungsgleich. So kann es nicht weiter verwundern, dass in regierungsamtlichen Verlautbarungen Werte wie »Nachhaltigkeit« und »ökologischer Fußabdruck«, »soziale Integration« und »politische Partizipation« favorisiert werden. Das subjektive Wohlergehen und die Zufriedenheit der Menschen scheinen dagegen fast zweitrangig zu sein.

Robert F. Kennedy konnte sich seinerzeit noch auf den amerikanischen Nationalökonomen John Kenneth Galbraith mit seinem Buch *Die moderne Industriegesellschaft*[14] stützen, wonach die qualitativen Aspekte des Lebens im Wettlauf um die Produktivitätssteigerung verloren zu gehen drohten. Die Unwirtlichkeit der Industriegesellschaften und Industriestädte seien die unausweichliche Folge. Bildhaft formulierte Galbraith die Konsequenzen: Der letzte Wohlstandsbürger, im Verkehrsstau an Abgasdämpfen erstickend, werde vom vorletzten Bürger noch die frohe Nachricht erhalten, dass das Bruttosozialprodukt wieder um fünf Prozent gestiegen sei.

Zehn Jahre später untersuchte der amerikanische Ökonom R. A. Easterlin in seiner intertemporalen Studie »Does Economic Growth Improve the Human Lot?«[15] den Zusammenhang von Einkommen und Glück bzw. Lebensstandard und Lebensqualität. In dem seither nach ihm benannten Easterlin-Paradox wurde nach Vergleichen in neunzehn Ländern im Zeitraum von 1946 bis 1970 der Nachweis erbracht, dass die Lebenszufriedenheit trotz steigender Einkommen nicht gewachsen sei. 2010 wiederholte er die Untersuchung in siebenunddreißig Ländern – und kam zum selben Ergebnis.[16]

Ebenfalls in den Siebzigerjahren des vorigen Jahrhunderts ging der Ökonom Tibor Scitovsky in seiner Veröffentlichung *The Joyless Economy*[17] einer Frage nach, die bis dahin nicht als Bestandteil der Wirtschaftswissenschaft galt. Scitovsky versuchte das Verbraucherverhalten und dessen Motivation zu erklären und schrieb eine erste »Psychologie des Wohlstands«. Auch er kam zu dem Ergebnis, dass im Zeitvergleich von fünfundzwanzig Jahren das Pro-Kopf-Einkommen teilweise zweistellige Zuwächse aufwies, die Lebenszufriedenheit der Menschen sich aber nicht verbessert hatte.

Zugleich räumte er mit dem Irrglauben auf, dass Einkommen gut und mehr Einkommen besser sei. Ganz selbstverständlich hatten bis dahin Wirtschaftswissenschaftler einen höheren Lebensstandard mit einem höheren Maß an Lebenszufriedenheit gleichgesetzt. Ein grundlegendes Missverständnis. Denn was glücklich und zufrieden macht, ist zunächst nur subjektiv erklärbar – vergleichbar mit der angenehmen Innentemperatur eines Raumes, die eine höchst subjektive Empfindung ist. Auch eine Begründung dafür, warum die Gewährung individueller Sicherheit und Sorglosigkeit »teuer« sein kann – je nachdem, welchen »Preis« man für das subjektive Wohlbefinden zu zahlen bereit ist.

Erfahrungsgemäß wird zu wenig Neues schnell als langweilig empfunden. Andererseits kann zu viel Neues verwirrend und zu viel des Guten schlecht sein. Die größte Zufriedenheit liegt zwischen den Extremen des Zuviel und des Zuwenig. Auf die aktuelle Wohlstandsdiskussion bezogen, bedeutet dies: Ständige Lebensstandardsteigerungen zerstören auf Dauer die Hierarchie der Lebensfreuden. Die Wirtschaftswissenschaft hat bisher zu wenig zur Kenntnis genommen, was seit jeher die wichtigste Antriebskraft menschlichen Verhaltens ist: Das Streben nach neuen Dingen und Ideen ist der »Ursprung allen Fortschritts«[18] – in der Gesellschaft genauso wie im ganz persönlichen Leben. Wer im Leben nicht mehr neu-gierig ist, wird alt. Dies gilt auch für die Gesellschaft als Ganzes.

Werfen wir einen Blick zurück: Im biblischen Verständnis und aus jüdisch-christlicher Sicht geht es bei Wohlstand in erster Linie um das individuelle Wohlergehen – und zwar physisch im Sinne von Gesundheit und psychisch im Sinne von Lebensglück. Wer gesund und glücklich lebt, ist nach der biblischen Verheißung im »gelobten Land« angekommen. Die materielle Dimension im Sinne von Geld und Gütern ist zwar für Glück und Gesundheit förderlich, hat aber keinen Eigenwert: »Ihr könnt nicht beiden dienen, Gott und dem Mammon« (Matthäus 6,24). Die bloße Gier nach Geld lässt Gottes- und Nächstenliebe verkümmern.

Es ist schon bemerkenswert: Das deutsche Wort »Wohlstand« fand erst im 16. Jahrhundert weite Verbreitung. Es hatte seinerzeit eine dreifache Bedeutung, wie das Deutsche Wörterbuch der Gebrüder Grimm seit 1854 nachweist:

Erstens hieß »in Wohlstand leben« so viel wie »gut und glücklich leben«. Gemeint war das ganz persönliche Wohlergehen (»wenn es uns nach wunsch und willen gadt«).

Zweitens war Wohlstand ein Synonym für Gesundheit und körperliches Wohlbefinden: Wer im besten Wohlstand lebte, war bei bester Gesundheit. Gesundsein galt als höchstes Lebensgut.

Drittens wurde Wohlstand auch moralisch im Sinne von Anstand bewertet: Was wohl der Sitte entsprach. »Wohlständigkeit« rückte in die Nähe von Ehrbarkeit und Tugendhaftigkeit. Man achtete es »für eine ehre und wolstandt«, sich nach den Regeln der Höflichkeit zu verhalten.

Erst im 18. und 19. Jahrhundert kam es zu einer Bedeutungsverengung des Wohlstandsbegriffs. Weil man das Gutgehen von Menschen nicht selten schon an Äußerlichkeiten erkennen konnte – wie zum Beispiel an der Kleidung, der Wohnungseinrichtung oder der Größe des Hauses –, wurde daraus abgeleitet: Wer so leben kann, muss einfach »wohlhabend« sein, also über Geld und Güter verfügen. Diese auf das Materiell-Wirtschaftliche verengte Sichtweise hat sich seither durchgesetzt und die physischen, psychischen und moralischen Aspekte weitgehend in den Hintergrund gedrängt oder vergessen gemacht.

So entstand im 20. Jahrhundert der Begriff Wohlstandsgesellschaft. Er bezeichnete eine Gesellschaft, die den Bürgern die Befriedigung materieller Bedürfnisse ermöglichte, die weit über dem Existenzminimum lagen. Es ging um Konsum, auch um Geltungs- und Erlebniskonsum, und schloss Luxusgüter mit ein. Werbeagenturen agierten zugleich erfolgreich nach dem Grundsatz: Für uns fängt der Mensch beim Konsumenten an! Das war nachvollziehbar, denn davon lebten sie, während Probleme wie Arbeitslosigkeit und soziale Ungerechtigkeit weitgehend ausgeblendet blieben. Bis zur Jahrhundertwende vom 20. zum 21. Jahrhundert definierte die *Brockhaus Enzyklopädie* noch ganz selbstverständlich Wohlstand als »die Verfügungsmöglichkeit einer Person, einer Gruppe oder einer Gesellschaft über wirtschaftliche Güter«. Wohlstand war gleichbedeutend mit gehobenem Lebensstandard oder großem Reichtum. Das Wohlstandsniveau wurde nur in Geldwerten und Einkommensgrößen »gemessen«.[19]

2006 stellte ich im Rahmen meiner Grundlagenforschung am BAT Freizeit-Forschungsinstitut erstmals das dominante ökonomische Wohlstandsmodell in Deutschland infrage. Im Rahmen einer Repräsentativumfrage von 2000 Personen ab 14 Jahre konnte ich nachweisen, dass emotional-soziale Indikatoren das bestimmende Bezugsmuster für das Wohlstandsverständnis der Deutschen sind:

* Keine Zukunftsängste haben (78 Prozent)
* In Frieden leben können (72 Prozent)
* Sich frei fühlen (68 Prozent)
* Keine Sorgen haben (67 Prozent)
* Glücklich sein (67 Prozent)
* Das tun können, was ich will (64 Prozent)
* Gute Freunde haben (64 Prozent)
* Viel Zeit haben (63 Prozent)
* In einer toleranten Welt leben (61 Prozent)
* Stressfrei leben (61 Prozent).

Hingegen hatte das materiell-monetäre Argument »Viel Geld haben/reich sein« nur für eine Minderheit der Bevölkerung (46 Prozent) eine große Bedeutung.

Das Um- und Neudenken begann also bei den Deutschen schon nach der Jahrtausendwende – blieb aber in Wirtschaft und Politik weitgehend unbeachtet und folgenlos. Meine Forderung »Wohlstand neu denken«[20] mündete seinerzeit in die offene Frage: Lernt die nächste Generation, »mit weniger materiellem Wohlstand genauso gut und glücklich zu leben – inmitten starker Familien, verlässlicher Generationenbeziehungen und nachbarschaftlicher Netzwerke«? Ich hielt den Traum von einem »guten Leben« und einer »besseren Welt« durchaus für zukunftsfähig. In einer krisengeschüttelten Gegenwart werde die nächste Generation weiterhin das Beste aus ihrem Leben machen wollen. Die nächste Generation, so war meine Hoffnung, werde lernen müssen, weniger zu haben und bescheidener zu leben. Da stehen wir heute.

Die Krisenzeit wird zur Chance für einen Neubeginn. Mit überwältigender Mehrheit sprechen sich die Deutschen während der Pandemie und des Ukrainekriegs für einen grundlegenden Wandel des Lebens aus. Sie wollen Ernst machen mit dem Abschied vom Immer-Mehr. Die Bevölkerung ist davon überzeugt:

»Besser leben statt mehr haben wird
in Zukunft ein erstrebenswertes Lebensziel.«
(2021: 76 Prozent - 2023: 77 Prozent)
Die Menschen erwarten einen Neubeginn:
Vom Waren-Wohlstand zum wahren Wohlstand

Weitgehend deckungsgleich ist das Votum der Generationen. Der sich ankündigende Einstellungswandel ist für die 14- bis 34-Jährigen genauso relevant wie für die 55 plus-Generationen (je 76 Prozent Zustimmung). Auch bei den einzelnen Bildungsschichten sind kaum Unterschiede erkennbar. Bei Hauptschulabsolventen ist die Bereitschaft zur Änderung des Lebensstil fast ebenso hoch (78 Prozent) wie bei den Befragten mit Abitur und Universitätsabschluss (79 Prozent). Der Wunsch, anders, also besser zu leben, eint die Bevölkerungsmehrheit.

Nach der Pandemie, so die Hoffnung der Deutschen, soll alles anders werden. Für fast zwei Drittel der Bevölkerung (62 Prozent) ist nach den OIZ-Repräsentativumfragen die persönliche Zukunft mit guten Vorsätzen versehen: »Nach der Krise werde ich anders leben.« Dabei soll das persönliche Glückserleben eine zentrale Rolle spielen. Die Bevölkerung sagt auch ganz konkret, was sie unter »anders leben« versteht: »Mehr Momente des Glücks wahrnehmen und genießen«, was wohl im Vor-Krisen-Stress zu kurz gekommen ist. Frauen (65 Prozent) denken darüber ernsthafter nach als Männer (58 Prozent). Das Umdenken hat mittlerweile auf breiter Ebene begonnen. Knapp drei Viertel der Bevölkerung (72 Prozent) geben offen zu, während der Krise »öfter über mich und mein Leben nachgedacht« zu haben. Aus dem Nachdenken heute kann morgen ein Vorausdenken für verändertes Handeln in Zukunft werden.

Die »fetten Jahre« sind vorbei:
Wohlstand neu denken

Nach dem gemeinsam mit dem Ipsos-Institut durchgeführten Nationalen Wohlstandslndex für Deutschland (NAWI-D)[21] in den Jahren 2012 bis 2023 ist Wohlstand für die Deutschen mittlerweile ein Synonym für den Wert, angstfrei, glücklich und gesund zu leben. Im Wohlstandsvergleich ist beispielsweise feststellbar: Je mehr Menschen im Haushalt zusammenwohnen, desto glücklicher und gesünder fühlen sie sich. Nur jeder dritte Alleinlebende (33 Prozent) kann von sich sagen: »Ich bin glücklich«; das Glücksgefühl liegt bei Vier-Personen-Haushalten deutlich höher (57 Prozent). Auch bei der Aussage »Ich fühle mich gesund« rangieren Singles (43 Prozent) hinter einer Vier-Personen-Familie (65 Prozent).

NAWI-D weist nach, dass das Wohlstandserleben maßgeblich die Zufriedenheit von Menschen beeinflusst. Wer den Ursachen wachsender Unzufriedenheit (und damit auch Politikverdrossenheit) auf den Grund gehen will, muss das Wohlergehen des Landes und der Menschen fördern. Nur so kann Wohlstandspolitik zu einer Wohlergehenspolitik werden, in deren Zentrum die Förderung von Wachstum, Wohlstand und Lebensqualität steht.

Dies erklärt auch, warum der individuelle Wohlstand so hoch bewertet wird: Die Bundesbürger wollen keine Angst vor der Zukunft haben. Gesundheit gilt dabei als höchstes Lebensgut. Unabhängig von bestehenden oder drohenden Krankheiten will sich die Mehrheit der Bevölkerung subjektiv gesund fühlen. Dazu allerdings muss sie sich auch eine gute medizinische Versorgung leisten können. Ein verlässliches und bezahlbares Gesundheitssystem trägt wesentlich zum Wohlergehen der Bevölkerung bei. Die Chance, sich gesund fühlen zu können, stellt für die Deutschen den größten individuellen Wohlstand dar. Das ist Lebensqualität (und nicht nur Lebensstandard). Das ist gesellschaftlicher Fortschritt (und nicht nur wirtschaftliches Wachstum).

Im Vergleich zum ökonomischen, gesellschaftlichen und individuellen Wohlstandserleben führt der ökologische Wohlstand beinahe ein Schattendasein. Die Umweltpolitik hat es bisher versäumt, den Begriff »Nachhaltigkeit« positiv mit Zukunftsdenken im Sinne von Vorausschau und Vorsorge zu umschreiben. Stattdessen erscheinen ökologische Belange den Bürgern meist als bedrohliche Szenarien: Der Wald stirbt. Die Klimakatastrophe kommt. Die Welt geht unter. Hinter der Aufforderung zur Nachhaltigkeit stehen Drohungen mit fast apokalyptischem Charakter. Es fehlt zuweilen eine emotionale Nähe. Während beispielsweise Mobilität und Fahrspaß vielen Menschen geradezu am Herzen liegen, spricht die Umweltpolitik eher von »unnützem Hin- und Herfahren« oder naturzerstörerischen Folgen. Hier laufen Gefühls- und Verstandesebenen unterschiedlicher Bevölkerungsgruppen aneinander vorbei.

In diesem Zusammenhang ist Wachstum auch kein Selbstzweck, sondern ein Fortschrittsinstrument, um Wohlstand und Lebensqualität für die Menschen und das Land zu erreichen. Es soll dazu verhelfen, besser zu leben als bisher. Das Wachstum verlagert sich im 21. Jahrhundert zusehends auf immaterielle Bereiche wie Gesundheit und soziale Sicherheit, die genauso wichtig werden wie die Ansammlung von Geld- und Vermögenswerten. Die Verbesserung der persönlichen Lebensqualität der Bevölkerung steht auf der gesellschaftlichen Tagesordnung, weil weitere materielle Wohlstandssteigerungen im Sinne von Immer-Mehr den Menschen immer weniger möglich erscheinen.

Die Wirtschaft mag in Zukunft weiter wachsen: Doch Wohlstand und Wohlergehen stellen sich für die Bürger erst dann ein, wenn die Frage »Wie und wovon sollen wir in Zukunft leben?« glaubwürdig und zufriedenstellend beantwortet wird. Im ganzheitlichen Wohlstandsdenken der Bevölkerung greifen einseitig quantitative Wachstumsversprechen zu kurz.

Denn: Arbeitsplatzgarantien werden tendenziell wichtiger als Einkommenserhöhungen. Eine lebensstandardsichernde Rente mit 67 zählt mehr als ein Vorruhestandsleben mit 58 an der Armutsgrenze. Und das garantierte Recht auf Meinungsfreiheit trägt mehr zur Lebensqualitätsverbesserung bei als die bloße Steigerung und Erfüllung materieller Wünsche.

Die Wohlstandsgesellschaft entlässt die nächste Generation in eine relativ unsichere Zukunft. Noch vor zehn Jahren hatte der Ökonom Bert Rürup den Deutschen »fette Jahre« vorausgesagt und Deutschland eine »glänzende Zukunft« versprochen.[22] Doch die Entwicklung ist ganz anders verlaufen. Die Wohlstandswende ist im Lebensalltag der Bevölkerung angekommen. Die Wohlfahrtsbedingungen ändern sich grundlegend. Die Menschen spüren dies, zugespitzt in der Erkenntnis: *Die fetten Jahre sind vorbei – das Schlaraffenland ist abgebrannt.* Der Traum vom materiellen Immer-Mehr ist für die meisten Deutschen ausgeträumt. Nicht einmal ein Drittel der Bevölkerung kann sich nach dem NAWI-D »materielle Wünsche erfüllen« (29 Prozent) oder gar »alle Reiseträume erfüllen« (29 Prozent).

Bereits vor Corona zeichnete sich ab: Für die junge Generation ist es in Zukunft viel schwieriger, ebenso abgesichert und im Wohlstand zu leben wie die heutige Elterngeneration. Vor allem das Lager der »gefühlten« Wohlstandsverlierer wird größer. Selbst Wohlhabende fühlen sich als Wohlstandsverlierer. Das subjektive Gefühl breitet sich aus: Die Zeiten im warmen Bad des Wohlstands sind bald vorbei.

Die Folgerung für die internationale Wohlstandsforschung lautet seither: Wenn die menschlichen Grundbedürfnisse (»basics«) befriedigt sind, führt mehr materieller Wohlstand nicht zu mehr Glück (»happiness«), nicht zu mehr Lebenszufriedenheit (»life satisfaction«) und nicht zu mehr subjektivem Wohlbefinden (»subjective well-being«). Die Bevölkerung setzt neue Prioritäten des Lebens. In diesen Priorisierungen sind nach wie vor ökonomische Aspekte dominant – allerdings inhaltlich ganz anders begründet. Es geht nicht mehr um das Immer-Mehr: Die Deutschen wollen in unsicheren Zeiten auf Nummer sicher gehen. Sie wollen ihren erarbeiteten, verdienten und erworbenen Wohlstand in Sicherheit bringen und sich gegen Lebensrisiken absichern – vom gesicherten Arbeitsplatz über das sichere Einkommen bis zur sicheren Rente. Wohlstand im 21. Jahrhundert hat seine »Luxus«-Komponente weitgehend verloren. Wohlhabend ist, wer sicher, sorgenfrei und ohne Zukunftsangst leben kann.

Frauen und Männer leben dabei laut Umfragen (NAWI-D) in ganz unterschiedlichen Wohlstandswelten. Das Bruttoinlandsprodukt (BIP) erweist sich als eher männlich orientierter Wohlstandsmaßstab, der wohl auch von männlichen Ökonomen erfunden wurde.

Was Frauen als persönliche Wohlstandsqualität besonders schätzen und auch realisieren, findet im BIP-Maßstab keinen angemessenen Niederschlag: mit den Mitmenschen in Frieden leben, für andere da sein oder gute Kontakte zu Familie und Verwandten haben.

Männer betonen eher materielle Wohlstandsgüter: einen sicheren Arbeitsplatz oder eine sichere Rente haben, sich Reisewünsche
erfüllen können und Eigentum wie Haus, Wohnung und Auto besitzen.

Trotz mancher negativer Wohlstandsbilanz wissen die Deutschen
die gesellschaftlichen Errungenschaften der letzten Jahrzehnte sehr
wohl zu schätzen. »In Frieden mit den Mitmenschen leben« (64 Prozent), Freiheit (61 Prozent) und seine »Meinung frei äußern können«
(61 Prozent) werden als gesellschaftlicher Wohlstand hoch bewertet und auch gelebt, weil sie erst die Voraussetzungen dafür schaffen, um im eigenen Land gut leben und sich wohlfühlen zu können.
Die Bedingungen von Frieden und Freiheit sind ein Garant dafür,
dass alle das Beste aus ihrem Leben machen können. Dazu trägt insbesondere der soziale Zusammenhalt im Nahmilieu bei. Intensive
Familienbeziehungen und die Pflege der Kontakte zu guten Freunden sorgen für ein Wohlergehen im eigenen Land. Die Bürger setzen sich wieder bescheidenere Ziele, bei denen weniger auch mehr
sein kann: eine Arbeit und eine Familie oder ein soziales Netz haben,
gesund sein und gut und angstfrei leben können. Mit einem Wort:
Grundgeborgenheit – wohlfühlen und wissen, dass es einem relativ gut
geht.

Im Zeitalter der Globalisierung ist derzeit alles in Bewegung – das
Geld, die Güter, die Märkte und die Menschen auch. Zudem erschüt-
tern Krisen, Kriege und Katastrophen die Welt. Es gibt keine dauer-
haften Stabilitätsoasen mehr, auch in Deutschland nicht. Hier zeichnet sich eher eine widersprüchliche Entwicklung ab:
    Einerseits regiert trotz Krisenzeit und Zeitenwende noch immer
der Wirtschaftsoptimismus. Die Mehrheit der Bevölkerung schätzt
die Wirtschaftslage in Deutschland als durchaus stabil ein.
    Andererseits wird die Sorgenpalette der Bevölkerung immer brei-
ter: von Armut und sozialer Ungerechtigkeit über Kriminalität,

Gewalt, Krieg und Terrorismus bis zu der Angst vor Arbeitsplatzverlust, den Folgen der Zuwanderung sowie der offenen Integrationsfrage.

Nur auf den ersten Blick ist Ludwig Erhards Versprechen »Wohlstand für alle« aus den Fünfzigerjahren im 21. Jahrhundert Wirklichkeit geworden. Erhard war seinerzeit in seinen Berechnungen davon ausgegangen, dass »auf jeden Deutschen nur alle fünf Jahre ein Teller, alle zwölf Jahre ein Paar Schuhe und nur alle fünfzig Jahre ein Anzug« komme.[23] Mit seiner Wohlstand-für-alle-Formel wollte Erhard dagegen etwas völlig Neues schaffen: Kühlschränke, Waschmaschinen und Staubsauger sollten für jeden erschwinglich sein. Schon bald konnte Erhard stolz einen Anstieg der »Zahl der konsumierten Beefsteaks und Koteletts« vermelden, aber nicht verhindern, dass die Deutschen immer »maßloser« wurden. Sein Appell, maßzuhalten, wirkte nicht. Die Bevölkerung hatte sein Versprechen für bare Münze genommen: Sie wollte immer mehr, weil Erhard auch einen »immer höheren Lebensstandard« versprochen hatte. Höherer Lebensstandard wurde mit höherer Lebensqualität verwechselt.

Der griechische Philosoph Aristoteles gelangte schon vor über zweitausend Jahren zu der Erkenntnis: »Dass jedermann nach Wohlbefinden im Leben und nach Glück strebt, ist klar – ebenso aber, dass nur ein Teil der Menschen die Möglichkeit dazu hat.« Dies gilt auch heute noch. Welche Möglichkeit (im Aristotelischen Sinne) oder gar Unmöglichkeit fördert oder verhindert ein zufriedenes Leben? Warum werden die Menschen trotz jahrhundertelang erträumten und vielfach auch erreichten Wohlstands nicht glücklicher? Wohlstand als unbeschreibliches Glücksgefühl hilft hier nicht weiter – allenfalls als Summe vieler kleiner Freuden des Lebens, die den Menschen das glückliche Gefühl gibt, wenigstens zeitweilig einige wichtige Wünsche und persönliche Ziele des Lebens zu erreichen. Erst wenn dies gelingt, wird Wohlstand zur Lebensqualität.

Lebensqualität zählt zu den höchsten Werten einer modernen Gesellschaft. Doch anders als in früheren Jahrzehnten, in denen es in erster Linie um die Schaffung materieller Werte und die Erhöhung von Güterproduktionen ging, stehen heute neue Bedürfnisse und neue Werthaltungen, neue Ansprüche und neue Dienstleistungen im Vordergrund. Auf einen Nenner gebracht: individuelles Wohlergehen und privates Glück in Partnerschaft, Familie und Freundeskreis, eine erfüllende berufliche Tätigkeit, die Sinn hat, und genügend Zeit zum Leben und Erleben haben. »Zufrieden- und Glücklichsein« sind nur andere Umschreibungen für Lebensqualität. Das Zufriedensein ist eher das Ergebnis einer verstandesmäßigen Bewertung, während das Glücklichsein mehr einen Gefühlszustand beschreibt, der sich aus positiven Erlebnissen und Erfahrungen ableitet. Die Erfahrung von Glück unterliegt ganz der subjektiven Bewertung.

Nationaler WohlstandsIndex für Deutschland (NAWI-D): Das Vier-Säulen-Modell als Fortschrittsmaßstab

Repräsentativ wurde die Bevölkerung in Deutschland im Rahmen des NAWI-D seit 2012 mehrfach danach befragt, was sie unter Wohlstand verstehe und wie sie ihre persönliche Wohlstandssituation einschätze. Auf diese Weise konnten dreißig Wohlstandsindikatoren mit ökonomischen, ökologischen, gesellschaftlichen und individuellen Bezügen ermittelt werden. Ein Wohlstandsbarometer wurde konzipiert und zur Grundlage für einen Nationalen WohlstandsIndex für Deutschland auf der Basis eines Vier-Säulen-Modells gemacht.

Natürlich spielen materielle Überlegungen im Wohlstandsverständnis der Bevölkerung weiterhin eine fundamentale Rolle, wie sie im bisherigen BIP-Maßstab auch berücksichtigt wurden. Andererseits erscheint der Bevölkerung diese Sichtweise viel zu einseitig und nicht realitätsnah genug. NAWI-D mit seinen vier Säulen hingegen gleicht einem stabilen Wohlstandsgebäude. Es stellt einen umfassenden Maßstab für Lebensstandard und Lebensqualität dar.

- Die erste Säule umfasst den *ökonomischen* Wohlstand: Sicher und ohne Geldsorgen leben.
- Die zweite Säule bezieht sich auf den *gesellschaftlichen* Wohlstand: Frei und in Frieden leben.
- Die dritte Säule gehört dem *ökologischen* Wohlstand: Naturnah und nachhaltig leben.
- Die vierte Säule konzentriert sich auf den *individuellen* Wohlstand: Gesund und ohne Zukunftsängste leben.

In diesem mehrdimensionalen Wohlstandskonzept wollen die Deutschen in erster Linie den erworbenen Wohlstand in Sicherheit bringen, sich gegen Lebensrisiken absichern und weniger in Luxus schwelgen.

Repräsentativ wurde danach gefragt, was Wohlstand wirklich bedeutet. Mit einer offenen Fragestellung wurden die spontanen Assoziationen zum Begriff Wohlstand ermittelt. Die Fragestellung lautete: »Wenn Sie den Begriff WOHLSTAND hören: Was verstehen Sie darunter? Was fällt Ihnen zu diesem Begriff ein? Was gehört für Sie zu Wohlstand? Bitte antworten Sie so ausführlich wie möglich« (NAWI-D 2012 bis 2023). Hunderte von Antworten wurden auf diese offene Frage gegeben, die nach einer systematischen Auswertung wie folgt zusammengefasst und gebündelt wurden:

Ökonomischer Wohlstand:
Sicher und ohne Geldsorgen leben

- Keine finanziellen Sorgen haben / keine Not leiden / immer ein bisschen Geld in der Tasche haben / finanzielle Sicherheit / finanzielle Unabhängigkeit / gutes Sparbuch haben / neue Zähne bezahlen können / leben können, dass es an nichts fehlt / nicht auf den Pfennig achten müssen
- Sicheres, gutes, ausreichendes Einkommen haben / regelmäßiges Einkommen haben / sichere Rente / gute Rente, mehr Geld als nötig haben / mehr Geld haben, als man zum Leben braucht

- Arbeit haben / sicheren Arbeitsplatz haben
- Vorsorge / Altersabsicherung / Vorsorge für Kinder und Enkel
- Eigentum besitzen / Haus / Wohnung / Immobilie / Auto / Besitztum allgemein / Besitz von Wertgegenständen / ein Dach über dem Kopf haben / ausreichend Kleidung
- Sich materielle Wünsche erfüllen / sich etwas leisten können / ins Restaurant essen gehen / gute Kleidung / warme Wohnung / schöne Möbel / schöne Wohnungseinrichtung / gewissen Luxus haben / Dinge, die das Leben angenehm machen: Bücher, Zeitungen u. a.

Gesellschaftlicher Wohlstand:
Frei und in Frieden leben

- Reisefreiheit / verreisen können
- In Frieden leben
- Seine Meinung frei äußern können / in einer Demokratie leben / frei sein
- In einer toleranten Welt leben / in die Gesellschaft integriert sein
- In einem Land leben ohne Grenzen
- In einer Gesellschaft leben, in der das Thema Weiterbildung wichtig ist / gute Schulbildung / gute Bildung / Recht auf Bildung / kulturelle Möglichkeiten

Ökologischer Wohlstand:
Naturnah und nachhaltig leben

- In einer Welt leben, die gut mit der Natur umgeht
- Mit der Natur leben
- Umweltbewusst leben / intakte Umwelt / Bioprodukte / sich Bioprodukte leisten können
- Nachhaltig leben
- Erneuerbare Energien nutzen

Individueller Wohlstand:
Gesund und ohne Zukunftsängste leben

- Keine Zukunftsangst haben / abgesichert sein für die Zukunft / keine Existenzsorgen haben / gut leben können / Schutz vor Terror / keine Arbeitslosigkeit / geringe Inflation
- Gesund sein / sich gesund fühlen / Gesundheit allgemein / gute medizinische Versorgung
- Glück / glücklich sein / sich glücklich fühlen / Freude / Lebensfreude / Lebensqualität / das Leben genießen / Wohlgefühl / Zufriedenheit
- Einen Beruf haben / guten Beruf haben, der Sinn macht / gute Ausbildung / Erfolg im Beruf haben
- Freunde / Freundschaften / Freundeskreis / soziales Umfeld haben
- Zeit für sich / mehr Zeit haben / mehr Freizeit haben / Freizeitaktivitäten / Hobbys / Ruhe / Entspannung / Abschalten / kein Stress
- Familie / eine Familie haben / intakte Familie / Kinder / Liebe / glückliche Beziehung / netten Partner haben / nette Frau und gut erzogene Kinder haben
- Frei in eigenen Entscheidungen sein / frei entscheiden können
- Sich alle Reisewünsche erfüllen können / verreisen können / Urlaub machen / sich die Welt ansehen
- Dort leben, wo man es möchte / Heimat / ein Zuhause haben
- Das machen können, was man will, wozu man Lust hat
- Für andere da sein / anderen helfen / abgeben / Solidarität

Das war und ist die qualitative Inhaltsstruktur für den NAWI-D, der seit 2012 vierteljährlich durchgeführt wird. Bei den *Face-to-face-*(und nicht bloß Online-)Befragungen konnten, wie bereits oben angedeutet, ganz unterschiedliche Wohlstandswirklichkeiten ermittelt werden. Bemerkenswert hoch waren die Unterschiede zwischen Frauen und Männern. Wohlstand bedeutet für Frauen, für andere da zu sein, gute Kontakte zur Familie zu haben, in Frieden mit den Mitmenschen zu leben, mit Menschen aus anderen Kulturen zusammenzukommen und umweltbewusst zu leben. Das Wohlstandserleben fängt für Frauen mit dem sozialen Wohlergehen an. Sie pflegen die Nähe zur Umwelt und zum sozialen Nahmilieu.

Männer setzen hingegen andere Wohlstandsprioritäten. Wohlstand heißt für sie im Unterschied zu Frauen eher, einen Beruf zu haben, der Sinn macht, einen gesicherten Arbeitsplatz zu haben, über ein sicheres Einkommen (eine sichere Rente) zu verfügen, sich materielle Wünsche erfüllen zu können und keine Angst vor der Zukunft zu haben.

Männer denken mehr an die Sicherung ihres Lebensstandards, Frauen eher an die Erhaltung ihrer Lebensqualität. Nur in einer Beziehung stimmen beide weitgehend überein: wenn es darum geht, in Freiheit zu leben, die Meinung frei äußern zu können und frei in eigenen Entscheidungen zu sein. In Krisenzeiten ist für beide Freiheit genauso wichtig und unverzichtbar.

Krieg und Krise beeinträchtigen das subjektive Wohlstandsempfinden der Deutschen gravierend. Das gemeinsam mit dem Ipsos-Institut entwickelte Wohlstandsbarometer NAWI-D weist beispielsweise im Jahresvergleich 2021/2022 nach, dass der Anteil der Bevölkerung, der hohe Zufriedenheit mit dem eigenen Wohlstand signalisiert, seit dem Ausbruch des Ukrainekriegs deutlich rückläufig ist. Von je 100 Befragten äußern hohe Zufriedenheit:

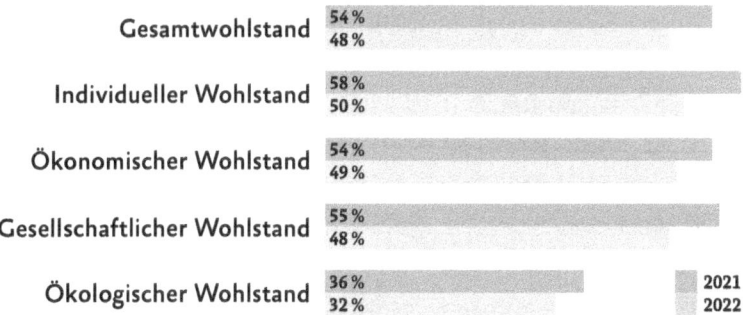

	2021	2022
Gesamtwohlstand	54%	48%
Individueller Wohlstand	58%	50%
Ökonomischer Wohlstand	54%	49%
Gesellschaftlicher Wohlstand	55%	48%
Ökologischer Wohlstand	36%	32%

Befragt wurden in persönlichen Interviews jeweils 2000 deutsch sprechende Personen ab 14 Jahren im Haushalt der Befragten. Weder Krieg noch Krise haben in den zurückliegenden Jahren für einen dramatischen Rückgang der Wohlstandsentwicklung in Deutschland gesorgt, wohl aber für einen spürbaren Dämpfer des Wohlbefindens der Bevölkerung. Insbesondere Glück und Gesundheit haben langfristig darunter zu leiden.

»Ich vermisse nichts«:
Höherwertiges zählt mehr als Materielles

Erstmals im Frühjahr 2021 zogen nach der OIZ-Umfrage zwei Drittel der Bevölkerung (64 Prozent) eine realistische Bilanz: »Das Schlaraffenland ist abgebrannt.«[24] Zu dieser pessimistischen Einschätzung gelangten vor allem die Frauen (68 Prozent), die Ostdeutschen (69 Prozent) und die 50plus-Generation (69 Prozent). Die meisten Befragten nannten dafür ganz persönliche Gründe: »Die Coronakrise hat meine Lebenseinstellung nachhaltig verändert« (61 Prozent). Insbesondere Frauen (64 Prozent) und Ostdeutsche (72 Prozent) bescheinigen sich selbst, beim Konsumieren maßvoller geworden zu sein.

Die Verwirklichung ihrer Konsumwünsche können sich immer weniger Deutsche leisten. Der gewohnte Konsumdreiklang Shopping/Kino/Essengehen, der insbesondere bei jungen Menschen in den 1980er- bis 1990er-Jahren einen gewissen Wohlstand abbildete, ist auf der Strecke geblieben. Die Pandemie löste im Konsumverhalten eine neue Bescheidenheit im Alltag aus: Konsum nach Maß, also maßvoll konsumieren, bedeutet aber nicht nur Verzicht. Denn fast zwei Drittel der Bevölkerung (61 Prozent) stellen am Ende fest: »Ich vermisse nichts.« Shopping-Spaß und Shopping-Glück gehen zwar zunehmend verloren. Dafür kommt ein Gewinn an Sinn- und Beziehungsreichtum hinzu. Werte werden wieder wichtiger. Materielles tritt hinter Immaterielles wie Gesundheit, Sicherheit und soziale Geborgenheit zurück. Familie, Freunde und Nachbarn rücken in den Vordergrund. Und auch Zeit wird fast so wertvoll wie Geld. Dies hinterlässt folgenreiche Spuren bei Menschen und Märkten. Konsumkultur und Sinnkultur nähern sich an. Aus Werbebotschaften werden auch Wertebotschaften, wonach nicht immer alles käuflich erworben werden muss. Mieten und Teilen können der Anfang einer neuen Sharing-Ökonomie der Zukunft sein.

Bescheidener leben und trotzdem nichts vermissen, ein Stück vom Glück genießen und nicht immer nur das ganz große Glück haben wollen: Dies deutet allgemein auf grundlegende Einstellungsänderungen hin. Ältere Generationen werden dabei an ihr Maßhalten und Sich-bescheiden-Können in der Nachkriegszeit erinnert. Die Philosophie von den kleinen Freuden des Lebens gipfelte seinerzeit in dem Ausspruch: »Was ich brauche, das habe ich. Was ich nicht habe, das brauche ich nicht.« Die veränderte Konsumhaltung »Weniger ist mehr« kann zum Zukunftscredo im Leben nach der Krise werden.

Wenn der Konsument alles bedenkenlos haben »will« und »muss«, verkleinert er letztlich seine individuellen Freiheitsspielräume. Denn: Mehr konsumieren heißt auch mehr arbeiten, mehr verdienen – und weniger Zeit für sich haben. Das Hauptrisiko des eigenen Konsumverhaltens ist schnell gefunden: Sinnentleerung. Eine deutliche Mehrheit der Bevölkerung (59 Prozent) will daher ihr Verbraucherverhalten ändern. »Mehr mieten als kaufen, mehr teilen als besitzen« heißt das neue Credo des Post-Corona-Konsumenten. Insbesondere die urbane Bevölkerung in der Großstadt ist für diesen neuen Konsumstil aufgeschlossen (64 Prozent), weniger die Landbevölkerung (49 Prozent). Auch die Höhergebildeten (64 Prozent) und die 14- bis 29-Jährigen (64 Prozent) können sich dafür begeistern. Familien mit Kindern (63 Prozent) votieren ebenfalls für diese veränderte Konsumhaltung.

Werden in Zukunft mehr Autos geleast als wirklich gekauft? Wird Deutschland zum Mieterland, weil sich das Eigentumsdenken verändert und die Menschen Zeit und Geld sparen wollen, statt sich für den Eigentumserwerb krumm zu legen? Warum soll es in Zukunft nicht möglich sein, mehr Dinge zu mieten als zu kaufen, mehr zu teilen als zu besitzen? Autos und Fahrräder, Surfbretter und Skiausrüstungen muss man nicht immer selbst besitzen. Nicht alles, was uns bisher lieb und teuer war, muss käuflich erworben werden.

Die Lebenshaltung »Konsum nach Maß« bedeutet weder Askese noch Verzicht. Betrachten wir Konsum genauer.

Konsum lässt sich aufteilen in Erlebnis- und Versorgungskonsum. Shoppingtouren, bei denen Waren im Vordergrund stehen, die nicht unbedingt notwendig sind und die ein Glücksgefühl vermitteln sollen, verzeichnen (Stand: Sommer 2022) einen drastischen Rückgang. Bis zu zwei Drittel der Befragten verzichten bewusst auf Shoppingtouren und stellen fest: Ich vermisse nichts!

Versorgungskonsumentinnen und -konsumenten kaufen Lebensmittel und Waren, die zum Leben notwendig sind, aber nicht das Leben schöner machen. Das Shoppen wird hierbei möglichst schnell und auf dem kürzesten Wege erledigt; dabei stellt sich das Gefühl ein: »Dann habe ich es hinter mir.« Die Lust am Einkaufen geht dabei zwangsläufig verloren. »Öfter mal was Neues« findet in den Wünschen der Versorgungskonsumenten kaum noch statt.

Wenn Flanieren und Shoppinglust in Krisenzeiten verloren zu gehen drohen – wird dann das Leben langweiliger? Der oben erwähnte Konsumdreiklang Shopping/Kino/Essengehen war in den letzten dreißig Jahren nicht nur eine willkommene Abwechslung, sondern für viele Menschen das Leben selbst – das, wofür es sich zu arbeiten lohnte. Für manche war das Aus- und Essengehen aber auch eine Form der Langeweileverhinderung. Der Reizgenuss beim Konsumieren muss in Zukunft neu entdeckt werden. In den kritischen Coronazeiten dürsteten die Menschen geradezu nach romantischen Konsumangeboten – jenseits von Darben und Verschwenden und jenseits von Zu-Hause-Bleiben in geschlossenen Räumen. Konsum als Open-Air-Erlebnis wurde gesucht, in dem man unter Menschen sein konnte, ohne ihnen zu nahe kommen zu müssen.

Dabei ließ sich feststellen: Nicht eine Steuersenkung stimuliert die Verbraucher, sondern eine Mehrwertsteigerung des Konsums bei der Suche nach einem schöneren Leben. Der Postmaterialismus der Siebzigerjahre war eine Reaktion auf Sättigungsphänomene in Wohlstandszeiten: Es war der Überdruss am Überfluss. Der neue Postmaterialismus in Krisenzeiten ist eher ein neuer Sinnhunger bei der Antwort auf die Frage: Was ist in Krisenzeiten wirklich wichtig? Ganz im Sinne der Empfehlung des griechischen Philosophen Epikur (um 341 bis 271 v. Chr.) in der deutschen Übersetzung von Immanuel Kant: »Reich ist man nicht durch das, was man besitzt, sondern durch das, was man mit Würde zu entbehren weiß.« Der neue »Ich-vermisse-nichts«-Postmaterialismus, der im November 2022 in der OIZ-Umfrage bei 70 Prozent der Bevölkerung zum Ausdruck kommt, macht die Bescheidenheit zum neuen Lebensprinzip. Der »Born-to-shop«-Konsument hat sich überlebt. Der bescheidene »My-home-is-my-castle«-Konsument löst ihn vorübergehend ab – solange kein neuer individualisierter Konsummarkt vorhanden ist oder geschaffen wird.

Auch in schwierigen Zeiten will niemand völlig auf Konsum verzichten, Konsumverzicht ist keine realistische Alternative. Wohl aber verstärkt sich das Nachdenken darüber, ob mancher Konsum wirklich ein Lebensgewinn ist. Wie zuvor bereits angesprochen, setzt sich die Erkenntnis durch: Wer alles bedenkenlos haben »will« und »muss«, verkleinert seine individuellen Freiheitsspielräume im Leben und hat infolge der Konsumkosten weniger freie Zeit. Die Folge kann eine Sinnentleerung des Lebens sein.

Verbrauchermärkte können Sinnmärkte werden, wenn sie Antworten auf Fragen geben wie zum Beispiel: Was ist eigentlich wichtig für mich und was nicht? Woher nehme ich den Mut, auch Nein zu sagen? Und wie schaffe ich es, bescheiden und nach Maß zu konsumieren, ohne etwas zu vermissen?

Im neuen Postmaterialismus soll wieder mehr Qualität vor Quantität gesetzt und maßvoller und bewusster konsumiert werden. Manche gehen in sich, denken demütig über ihren erreichten Wohlstand nach. Andere träumen von einem einfacheren Leben oder einer besseren Welt. Viele Gedanken bewegen sich zwischen Sinn, Besinnung und Besonnenheit. Wird das Zukunftscredo »Weniger ist mehr« immer realistischer? Der Wandel vom Hunger nach Mehr zum Hunger nach Sinn hat vielleicht gerade erst begonnen.

Der Verbrauchermarkt der Zukunft steht vor großen Herausforderungen. Er muss sich mehr mit dem Wandel von der Ökonomie des Wohlstands zur Psychologie des Wohlergehens auseinandersetzen. Die Beachtung der subjektiven Wahrnehmung wird wichtiger. Objektiv wird es nach der Krise zwar als Nachholeffekt einen wirtschaftlichen Aufschwung geben. Subjektiv aber kommt wenig bei den Verbrauchern an. Immer mehr Menschen halten ihr Geld zusammen, sorgen für eiserne Reserven und sparen für die eigene Zukunft. Ein neues Zeitalter der Sparmaßnahmen beginnt. Die Sehnsucht nach einem schöneren Leben bleibt erhalten, ihre Verwirklichung muss man sich auf Dauer aber auch leisten können.

Konsumlaune und Konsumlust sind vielen Verbrauchern während der Coronakrise und des Ukrainekriegs vergangen. Sie werden nur langsam und zögernd in der Nachkrisenzeit aktiviert werden können. Eine entsprechende Kaufzurückhaltung der Konsumenten ist weiterhin zu erwarten. Erfahrungsgemäß muss erst ein gewisser Schwellenwert erreicht werden, bevor Verbraucher das Gefühl haben, sich auch wirklich wieder mehr leisten zu können. Aber das braucht Zeit. Die Verbraucher können und wollen ihr Verhalten nicht schlagartig ändern. Und je länger sie mit Verunsicherungen leben müssen, desto länger üben sie auch Kaufzurückhaltung. Die Krisenangst um den Verlust des Arbeitsplatzes infolge der Pandemie hat bei Teilen der Bevölkerung zu einer Erhöhung der Sparquote geführt. Viele glauben einfach nicht, sich so schnell wieder ein großzügigeres Konsumverhalten leisten zu können.

Daran ändern auch vorübergehende Steuersenkungen nichts. Die monatelange Gewöhnung an das »Bleib zu Hause« in den eigenen vier Wänden führte zu spürbaren Einschränkungen von Außer-Haus-Aktivitäten. Restaurant-, Kino- und Theaterbesuche stagnierten für längere Zeit. Die Menschen trauten dem (Krisen-)Frieden noch nicht. Drinnenbleiben erwies sich als sicherer und Ausgehen als riskanter. Profiteure dieser Zurückhaltung waren die Online-Anbieter, während die Shoppingcenter den Boomzeiten von 2019 nachtrauerten.

Zugleich ist absehbar: Der »Und-und-und«-Konsument vor der Krise wird immer mehr zum »Hier-mehr-dort-weniger«-Verbraucher nach der Krise. Es entwickelt sich eine neue Lebenskunst der *Luxese*, also Luxus und Askese, die nicht umsonst zu haben sind. Sie bedeuten Verzicht auf Mittelmaß. Sich Qualität und Luxus leisten zu können, aber dafür auch in anderen Bereichen Billigwaren und Opferkäufe in Kauf nehmen zu müssen. »Billig« und »teuer« sind für den Verbraucher keine Gegensätze mehr. Zurückhaltung und nicht Verzicht wird praktiziert. Es lohnt sich wieder, darüber nachzudenken, ob mancher materielle Wohlstand wirklich ein persönlicher Lebensgewinn ist.

Die Umstellung fällt allerdings nicht leicht. So erleben derzeit Onlineshops und Lieferökonomie einen Boom, die Sharing-Ökonomie aber tut sich noch schwer – mehr psychologisch als ökonomisch. Die Menschen zögern, mit einem Unbekannten zusammen im Auto zu sitzen. Auch hier gilt: Die Hälfte der Technologie ist Psychologie (was nebenbei auch ein Grund dafür ist, warum viele digitale Neuerungen bei den Menschen nicht ankommen). Man fühlt sich ein wenig an die Lebensphilosophie der 1968er-Bewegung erinnert: Nichts besitzen – alles teilen wollen. Inzwischen ist über ein halbes Jahrhundert vergangen. Die automobile Sozialisation hat ihre nachhaltigen Spuren hinterlassen und ganze Generationen geprägt. »Mein« Auto gehört »mir«. Das Auto bin »ich«. Die emotionale Beziehung zum »Besitz Auto« ist nach wie vor groß. Mit dem Erwerb eines Autos und einer Automarke werden besondere Persönlichkeitseigenschaften mit gekauft. Auch eine Erklärung dafür, warum eine Beschädigung des Autos schnell als Bedrohung der Person empfunden werden kann. Carsharing, also mehr teilen als besitzen, kommt einer Revolutionierung des Eigentumsdenkens gleich. Ein solcher Bewusstseinswandel fällt schwer. Das Auto ist wie eine zweite Wohnung: Wer will schon Fremden auf Dauer die eigenen vier Wände überlassen? Wobei sich auch hier der Markt wandelt, wie Unternehmen wie das kalifornische Airbnb zeigen.

Wandel der Konsummoral:
Die neuen Wertsucher

Die Coronakrise war auch eine ökonomische Krise und hat ihre Spuren hinterlassen. Damit ist ein Wandel der Konsummoral verbunden. Eine große Preissensibilität und Vorsorgesparen für sich selbst, die Kinder und die Enkel stehen im Vordergrund. Der ehemalige Wohlstandskonsument wird ein wenig schlanker – und hofft weiter auf bessere Zeiten.

Der künftige Post-Corona-Konsument wird sich als Wertsucher vehement gegen die Instantphilosophie (»Just do it«) mancher Marketingstrategen zu wehren und sich eher als Konsumkritiker mit den Globalisierungskritikern zu verbünden wissen. Für alle gibt es ein gemeinsames Thema – vom Kampf gegen die Kinderarbeit in der Produktion bis zum Protest der Textilarbeiterinnen in Bangladesch gegen Ausbeutung und gefährliche Arbeitsbedingungen. Ihre entscheidende Waffe wird nicht der Boykott, sondern das Internet sein. Sie können so rund um die Welt durch Websites operieren und eine internationale Basisbewegung mobilisieren – ganz im Sinne der schärfsten Globalisierungsgegnerin Naomi Klein aus Kanada, die es für möglich hält, dass sich in Zukunft zu den kritischen Konsumenten auch die kritischen Aktionäre gesellen und Gewerkschafter bei McDonald's aktiv werden.[25]

Märkte und Menschen haben nach der Krise das gleiche Problem: Es fehlt das Geld – zum Investieren oder Konsumieren. Längst ist absehbar: Die vielfach erwartete Konsumexplosion findet nicht statt. Shoppingspaß und Konsumstress werden seltener. Aus Kauflust wird Kaufzurückhaltung. Zurückhaltung heißt Vorsicht, nicht Verzicht. Statt Angstsparen wie zur Zeit der Finanzkrise 2008/09 ist Vorsorgesparen angesagt. Und das Eigentumsdenken verändert sich wie gesagt langfristig: Mietwohnung statt Eigentumswohnung. Deutschland wird zum Mieterland.

Die Post-Corona-Generation wird auf Dauer nicht mehr so weiterleben wollen wie ihre Elterngeneration. Der Perspektivenwechsel vom Wohlstand zum Wohlergehen macht die Konsumfrage zur Sinnfrage. In die Ferne rücken weite Reisen. Und auch lebensstandardsichernde Renten sind nicht mehr sicher. Mit dem Bedeutungsverlust der dominanten Konsumorientierung des Lebens kommt es zu einer Verschiebung der Lebensprioritäten: besser leben statt mehr haben, vorsorglich sparen statt verschwenderisch mit Geld umgehen und den neuen Zeitwohlstand und Beziehungsreichtum genießen.

Der italienische Schriftsteller Paolo Giordano nannte die Corona-Epidemie einmal eine »Infektion unserer Beziehungsnetze«.[26] Wenn wir also mit Infektion nicht das Krankwerden, sondern den positiven Einfluss meinen, dann kann sich in der Tat ein Positiv-Bazillus in unseren sozialen Beziehungen ausbreiten: vom Familiensinn bis zum Gemeinsinn. Kommt nach der Pandemie die Empathie? Oder folgt nach der Bestzeit der vergangenen Jahrzehnte eine neue Bescheidenheit im nächsten Jahrzehnt? Werden vielleicht viele ärmer, aber nicht unglücklicher, weil sich ihr Wohlstandsdenken qualitativ verändert? Die Antwort: Wohlstand wird in Pandemiezeiten zu einer Frage des persönlichen und sozialen Wohlergehens. Im Einzelfall kann Wohlstand auch bedeuten, weniger Güter zu besitzen und doch besser zu leben, weil mehr Wert auf qualitativen Wohlstand gelegt wird – auf Zeitwohlstand, Beziehungsreichtum und Sinnwachstum.

Es verstärkt sich die Suche nach Sinn. Im Zeitvergleich ist feststellbar, dass sich die Menschen, insbesondere junge Menschen, wieder mehr für eine bessere Gesellschaft interessieren und auch mithelfen wollen, eine bessere Gesellschaft zu schaffen. Dabei wollen sie mehr für andere da sein. Auch Religiosität als positives Lebensgefühl kehrt in den Alltag zurück. Allerdings in veränderter Form – als soziale Geborgenheit durch mehr Familiensinn, mehr Gemeinsinn und mehr Bürgersinn. Die Frage lautet dann nicht mehr: »Welche Kirche bietet mir mehr Religion?«, sondern »Was hat mehr Sinn?« Aus Gottesgläubigen können Sinnsucher im Nahmilieu von Familie und Freundeskreis, Nachbarschaft und Gemeinwesen werden.

Eine bessere Gesellschaft schaffen – wollen!
Mehr Solidarität in der direkten Demokratie

In anhaltenden Krisenzeiten werden wir von einer Achterbahn der Gefühle heimgesucht. Wir fühlen uns wie Sisyphus in der griechischen Mythologie. Jeden Tag rollen wir den schweren Krisen-Stein den hohen Berg hinauf. Oben angekommen, geht es wieder bergab: Der Stein rollt den Berg hinunter. Also beginnt unsere Sisyphus-Arbeit wieder von vorne. Hin- und hergerissen zwischen Erfolg und Misserfolg, Hoffen und Bangen, resignieren wir dennoch nicht, weil wir von einem vorsichtigen Optimismus getrieben sind. Wir haben ein konkretes Ziel vor Augen: Wir wollen das schaffen, auch wenn uns die Ungewissheit belastet. Die Achterbahn-Erfahrung treibt uns immer wieder an.

Die Krise macht die Menschen sozial sensibler und politisch aktiver. Sie wünschen sich eine bessere Gesellschaft. Der Sinn für Gemeinsinn wächst – von der Freiwilligenarbeit über informelle Helferbörsen im Wohnquartier bis zum Engagement in Bürgerinitiativen und Mitmachbewegungen. Konturen einer Selbsthilfe- und Mitmachgesellschaft zeichnen sich ab. In der Krise haben die Menschen die Bedeutung des Aufeinander-angewiesen-Seins neu erfahren.

Ein Paradigmenwechsel zeichnet sich ab. Statt wie bisher nur einseitig auf den Staat zu setzen, wächst die Bereitschaft der Bürger zur Selbstbestimmung und Selbstorganisation. Der Gedanke der direkten Demokratie findet in Deutschland immer mehr Anhänger. Ob es Politikern und Parteien gefällt oder nicht: Es soll viel mehr Volksabstimmungen für die Bürger geben. Das wird die Option der Bevölkerung in den nächsten Jahren sein. Wenn die Parteien den Rückhalt in der Bevölkerung behalten oder wiedergewinnen wollen, müssen sie die Interessen der Menschen stärker berücksichtigen.

Die Politik muss den Spagat zwischen Bürgerdemokratie und repräsentativer Demokratie wagen. In Volksbefragungen spiegelt sich schließlich das wider, was die Bürger gerade bewegt oder was in der Politik vorrangig getan werden soll. Durch mehr Volksabstimmungen werden Parteien keineswegs entmachtet, sondern lediglich daran erinnert, was eigentlich ihr Auftrag im Sinne von Artikel 21 des Grundgesetzes ist: »Die Parteien wirken bei der politischen Willensbildung des Volkes mit.«[27] Die Bürger werden in Zukunft wieder mehr darüber entscheiden wollen, was getan werden muss. Sie wollen Antriebsmotor für gesellschaftliche Veränderungen sein. Sie wollen mitmischen und die Zukunft menschlich gestalten (und nicht nur ökonomischen und technologischen Nutzen ziehen).

Mit der tendenziellen Verlagerung von staatlicher Macht zu mehr Eigenverantwortung der Bürger verändert sich das Verständnis von Solidarität. Solidarität im 21. Jahrhundert bedeutet auch: für sich selbst sorgen, um anderen nicht zur Last zu fallen. Solidarität hat mehr mit Eigenvorsorge und Eigenverantwortung und weniger mit Nächstenliebe und Opferpathos zu tun. Es deutet sich eine Art Rückkehr zu den Partizipationsidealen der Siebzigerjahre an – allerdings wesentlich anders motiviert und begründet: In den Siebzigerjahren wurde die Partizipation auf dem Höhepunkt der wirtschaftlichen Entwicklung als Aufforderung an satte Wohlstandsbürger verstanden, einen Teil des geschenkten Zeitwohlstands in das soziale System zu reinvestieren. Heute ist die Partizipationsdiskussion sehr viel existenzieller begründet – aus Sorge um die Ausgrenzung sozialer Gruppen und auch aus Angst vor dem Zerfall der Gesellschaft. Partizipation muss jetzt regelrecht von den Bürgern eingefordert werden, weil die soziale Infrastruktur (zum Beispiel Kinderbetreuung, Altenpflege) als immer lückenhafter empfunden wird.

Alle sollen und müssen sich in Zukunft stärker engagieren, damit sie sich auf dem Arbeitsmarkt und in ihrem sozialen Umfeld besser behaupten können.

Solidarität entwickelt sich tendenziell wieder zu dem, was sie ursprünglich in der europäischen Arbeiterbewegung des 19. Jahrhunderts einmal war: zu einer Erfahrung des Aufeinander-Angewiesenseins, bei der sich Eigen- und Gemeinnutz miteinander verbinden und weniger eine Frage von Pflicht und Moral, Fürsorge und Nächstenliebe sind.[28] Mehr Beständigkeit und Verlässlichkeit können Hilfsbereitschaft und Solidarisierung allerdings erst dann bekommen, wenn sie als Freiwilligenarbeit gesellschaftlich anerkannt werden. Wer sich für gemeinnützige Arbeiten engagiert, darf sich nicht ausgenutzt oder ausgebeutet fühlen. Eine aktivierende Kommunalpolitik muss daher Anreize, Anerkennungen und Honorierungen schaffen, die dem Geldwert der Arbeit relativ nahe kommen oder ihn vergessen machen.

Die Bevölkerung benötigt von der Politik mehr Vorsorge, vor allem die aktivierende Unterstützung gemeinnütziger Tätigkeiten und sozialer Engagements wie zum Beispiel die Förderung von Helferbörsen in Wohnquartieren. Die Bürger können und wollen sich mehr helfen – wenn man sie nur lässt und dabei infrastrukturell unterstützt. Dies trifft vor allem für Bevölkerungsgruppen zu, die mehr als andere auf solche Hilfen angewiesen sind, wie Ältere. Den Bürgern wird zunehmend klar: Die Dienstleistungsgesellschaft kostet Geld, die Hilfeleistungsgesellschaft spart Geld. Eine neue Kultur des Helfens »rechnet« sich, »kostet« zwar Zeit, aber schafft Werte und menschliche

Beziehungen, »stiftet« Nutzen für das Gemeinwohl und »lohnt« sich für den Einzelnen. Sie leistet eine doppelte Honorierung – als Honorierung mit Sinn und als solche durch Geldsparen.

Der Sparmodus ist mittlerweile auch bei der Mittelschicht angekommen. In der Tendenz neigen immer mehr Verbraucher dazu, günstiger und weniger einzukaufen. Die spürbare Inflation wird selbst in gehobenen Wohngegenden für eine verstärkte Nachfrage nach Eigenmarken statt teurer Markenartikel sorgen. Das Einkaufsverhalten der Deutschen ändert sich. Es wird weniger Geld für den Alltagskonsum ausgegeben. Das ist Pragmatismus pur. Maßhalten statt Maßlosigkeit rechnet sich. Von Kaufrausch keine Spur, von Konsum-Askese aber auch nicht.

Small is beautiful. Weniger haben – und trotzdem nichts vermissen: Das kann die neue Konsum- und Lebensformel der Deutschen werden. Eine knappe Mehrheit der Bevölkerung (2023: 55 Prozent) schränkt sich nach OIZ-Erhebungen ein. Weniger Konsum ist jedoch nicht nur in einer veränderten Lebenseinstellung begründet: Immer mehr Menschen fehlt das Geld zum Konsumieren. Die vielfach erwartete Konsumexplosion findet nicht statt. Im Wohlstand leben bedeutet: Es geht mir gut. Das kann im Einzelfall auch bedeuten: Weniger haben und trotzdem gut leben können.

Die veränderte Konsumhaltung geht vor allem von den 50plus-Generationen (60 Prozent) aus. Sie haben den »Konsum nach Maß« wiederentdeckt und agieren als Pioniere einer Konsummoral zwischen Zurückhaltung und Bescheidenheit – wie in Nachkriegszeiten auch. Die Konsumwünsche werden auf ein realistisches und erreichbares Maß reduziert. Das Krisencredo »Konsum nach Maß« kommt jedoch bei der jungen Generation nicht so gut an. Nur 41 Prozent finden daran gefallen. Natürlich kann das Weniger-ist-Mehr auch sinnerfülltes Leben bedeuten. Aber die Einstellungen aus den Vor-Wohlstands-Zeiten der Fünfzigerjahre sind für die junge Generation weit weg.

Warum wir besser leben – müssen!
Deutschland zukunftsfest machen

Als zu Jahresbeginn 2004 wieder einmal die Spitzen aus Politik und Wirtschaft auf dem Wirtschaftsforum in Davos zusammenkamen, wurde eine Art Abgesang auf das »Alte Europa« eingeläutet: Die westlichen Industrieländer hätten in den letzten Jahrzehnten vielen Menschen materiellen Wohlstand gebracht, aber die soziale Gerechtigkeit weitgehend vergessen. Und auch wirtschaftlich gesehen sei die Blütezeit des alten Kontinents vorbei.

Im selben Jahr veröffentlichte ich die Zukunftsstudie *Deutschland 2020*. Darin sagte ich für die nächsten zwei Jahrzehnte eine »Zeitenwende« voraus.[29] Diese Zeitenwende gleiche einer »Wohlstandswende« und werde als »krisenhaft erlebt«. Deutschland könne sich in Zukunft seines Wohlstands nicht mehr sicher sein. Der Automatismus – mehr Wachstum und mehr Wohlstand – funktioniere dann nicht mehr. Die Zeitenwende als Wohlstandswende werde den Menschen zu schaffen machen. Lebensstandard erhalten und Lebensqualität sichern: Das würden die wahren existenziellen Sorgen der Menschen werden, die sich subjektiv immer schlechter fühlten. Ist jetzt zwei Jahrzehnte später das Besser-leben-Wollen eine zwangsläufige Folge enttäuschter Hoffnungen und politischer Versprechen? Quo vadis, Wohlstand und Lebensqualität?

Die Erkenntnis setzt sich durch, dass weder der Staat noch die Wirtschaft die sozialen Probleme der Zukunft allein meistern können. Die Mithilfe der Bürger auf Gegenseitigkeit ist immer mehr gefordert. Städte und Gemeinden müssen in Zukunft mehr als bisher offen für individuelle Lebenszyklusstrategien sein und dabei die sich im Laufe eines Lebens mehrfach verändernden Lebens-, Einkommens- und Vermögensverhältnisse im Blick haben.

Sich zukunftsfest zu machen, bedeutet auch, einen Blick für die sich ändernden Bedürfnisse im Bereich des Wohnens zu haben. Einziehen. Ausziehen. Umziehen. Diese Unstetigkeit im Wohnverhalten gehört zum Leben wie der Wechsel des Arbeitsplatzes oder des Berufes auch. Deutschland zieht um: Zurück in die Stadt. Raus aufs Land. Und wieder zurück. Viele und vielfältige Wohn- und Lebensformen sind in Zukunft möglich und gefragt. In einer Gesellschaft des langen Lebens ist nichts beständiger als der Orts-, Tapeten- oder Rollenwechsel. Die Wohlfühl-Gemeinde der Zukunft wird den Rückzug in die eigenen vier Wände genauso respektieren müssen, wie sie Gelegenheiten für soziale Kontakte schafft und für ein gesundes Umfeld sorgt.

Wir sollten daher Abschied nehmen vom urbanen Pessimismus der letzten dreißig Jahre. Anstelle des vielfach beklagten und prognostizierten Niedergangs der Städte und Kommunen zeichnet sich für die Zukunft eine Renaissance urbanen Lebens ab. Die Stadt der Zukunft bietet kurze Wege, mehr Umweltqualität und höhere Lebens- und Erlebnisqualitäten. Die Urbanisten von morgen wollen wieder »mittendrin« und »mitten im Leben« wohnen und offen für neue Lebensformen und Wohngemeinschaften sein. Gemeinsam machen sie sich selbst zu Gestaltern ihrer Häuser und Wohnungen. Durch Selbst- und Nachbarschaftshilfe sorgen sie für stabile soziale Beziehungen im Wohnquartier (»civic life«).

Vielleicht lebt – wie in früheren Jahrhunderten – der Gedanke des »ganzen Hauses« wieder auf, weil die Menschen mehr aufeinander angewiesen bleiben und sich mehr selbst helfen müssen. In wirtschaftlich und gesellschaftlich schwierigen Zeiten wird die Genossenschaftsidee wiederbelebt. Gleichzeitig wird der Familienbegriff um den Gedanken des ganzen Hauses erweitert. Im ganzen Haus haben in Zukunft nicht nur natürliche Familienmitglieder Platz. Auch Enkel-, Kinder- und Familienlose werden wie durch Adoption in die Hausgemeinschaft aufgenommen. So können alle ein selbstbestimmteres Leben führen – aber nicht allein. »Gemeinsam statt einsam« heißt das Wohn- und Lebenskonzept in der Stadt der Zukunft: mehr Generationenhaus und Nachbarschaftshilfe als Heimplatz und betreutes Wohnen.

Dabei werden die Bürger unterstützt von einem sozialen Quartiermanagement, in dem junge und alte Bewohner, Einheimische und Zuwanderer mitwirken und gemeinsame Projekte entwickeln können.

Wenn Deutschland zukunftsfest werden will, kann sich das Land nicht nur als Wirtschaftsstandort profilieren. Deutschland muss mehr als Büros und Industrieanlagen bieten. Das Land muss mit einem Wort »lebenswert« sein und werden. Denn aus den Wohn- und Lebenswünschen von heute werden Wanderungen von morgen. Deutschland hat Zukunft, wenn Kinder willkommen sind, Familien bezahlbare Wohnungen vorfinden und für ältere Bewohner Dienstleistungen und Einrichtungen der »kurzen Wege« vorhanden sind.

Die Fortschrittsfrage muss neu gestellt werden, damit nachfolgenden Generationen genauso viele Lebenschancen wie der Elterngeneration gewährt und nicht verwehrt werden. Die junge Generation hat ein Recht auf Zukunft. Wird es schon bald wie beim Klimaschutzgesetz ein Zukunftssicherungsgesetz als Staatspflicht geben müssen, das vom Bundesverfassungsgericht eingefordert wird? Wie beim Klimabeschluss des Bundesverfassungsgerichts vom 24. März 2021 wird dann den Lebenschancen und Freiheitsrechten künftiger Generationen eine besondere politische Priorität eingeräumt. Die heutige Erwachsenengeneration darf nicht auf Kosten der nächsten Generation leben, also zum Beispiel Leistungen erhalten, die morgen zu Dauerlasten für die kommenden Generationen werden.

Nicht Ufos, Lufttaxis oder rollende Bürgersteige werden das Gesicht Deutschlands in Zukunft prägen, sondern Singles und Senioren, Baugemeinschaften und Mehrgenerationenhäuser sowie Helferbörsen in jedem Stadtteil. Die radikale Trennung von Arbeiten, Wohnen und Erholen wird tendenziell wieder aufgehoben. Viele Pendler kehren in die Stadt und Tante-Emma-Läden in die Wohnquartiere zurück, weil sich das Einkaufsverhalten in der älter werdenden Gesellschaft verändert und die Menschen mehr in Wohnungsnähe als auf der grünen Wiese einkaufen wollen.

Viele Menschen werden länger arbeiten wollen oder müssen, aber auch Hilfeleistungen auf Gegenseitigkeit anbieten und beanspruchen. Weil sie immer älter werden und selbstbestimmt leben wollen, wird es mehr Generationenhäuser und ambulante Dienste als Alters- und Pflegeheime geben, denn die Menschen sind mehr als bisher auf familiäre und nachbarschaftliche Unterstützung im Nahmilieu angewiesen.

Besser leben statt mehr haben bedeutet auch:

• Mehr Lebensqualitätsverbesserung als Lebensstandardsteigerung
• Mehr Hausgemeinschaften als Wohngemeinschaften
• Mehr Lebensstilmiete als Wohnungskauf
• Mehr Nachbarschaftshilfe als Sozialamtshilfe
• Mehr Wohnen daheim als Einweisung ins Heim.

So kann in einer Gesellschaft des langen Lebens aus Einsamkeit Gemeinsamkeit werden.

In der internationalen Sozialforschung wird die Auffassung vertreten: Krisen können »die Gesellschaft zum Besseren verändern«, wie Minouche Shafik, die Direktorin der London School of Economics and Political Science, meint.[30] Die Verbesserungen hängen davon ab, welche neuen Ideen zur Verfügung stehen und für welche sich die Politik entscheidet. Auf diese Weise konnte ein neues Paradigma als Folge grundlegender Veränderungen durch Klimakrise, Ukrainekrieg und globaler Pandemie gefunden werden. Ein solches Paradigma müsste in anhaltenden Krisenzeiten, wenn es wirklich zu einer besseren Gesellschaft beitragen soll, eine Dreifach-Strategie zum Ziel haben:

1. Sicherheit für alle.
2. Chancen für alle.
3. Wohlergehen für alle.

Diese Dreifach-Strategie würde die Ludwig Erhard'sche Formel »Wohlstand für alle« völlig neu denken und umfassend erweitern, also subjektives Wohlbefinden ebenso einschließen wie die Förderung des Gemeinwohls. Trotz Dauerkrisen würde dabei der Glaube an eine bessere Zukunft nicht verloren gehen.

Das veränderte Wohlstandsdenken der Bevölkerung verändert auch die Prioritäten in Politik, Wirtschaft und Gesellschaft. An dieser Stelle sei an das Vier-Säulen-Modell mit seinen Wohlstandskonzepten erinnert: ökonomieorientiert, gesellschaftsorientiert, ökologieorientiert sowie individualorientiert.

Im Englischen heißt Wohlstand »prosperity« – und bedeutet Wohlergehen. Nichts anderes meint die deutsche Bevölkerung. »Mehr Wohlergehen« lautet ihre Forderung an die Politik. Daraus folgt:

- Für die Arbeitsmarktpolitik: Mehr Arbeitsplatzsicherheit
- Für die Tarifpolitik: Mehr Einkommenssicherheit
- Für die Sozialpolitik: Mehr Rentenniveausicherheit
- Für die Finanzpolitik: Mehr Geldwertsicherheit
- Für die Gesundheitspolitik: Mehr Versorgungssicherheit
- Für die Umweltpolitik: Mehr Umweltqualitätssicherheit
- Für die Energiepolitik: Mehr Energiesicherheit.

Eine Neubesinnung auf das Beständige muss stattfinden. Es geht um das Wesentliche des Lebens. Statt auf das Immer-Mehr (= Lebensstandard) soll jetzt mehr Wert auf das Immer-Besser (= Lebensqualität) gelegt werden, weil dies für mehr Lebenszufriedenheit sorgt. Wohlhabend ist in Zukunft der, der mit sich und seinem Leben zufrieden ist, und nicht der, der sich immer mehr leisten kann.

Die Menschen denken wieder nachhaltiger – und verhalten sich auch zunehmend so. Sie stellen sich die Frage, was im Leben wirklich wichtig ist und was – wenn auch schweren Herzens – gegebenenfalls entbehrlich ist. Die Gewinnmaximierung des ganz persönlichen Lebens rückt in das Zentrum. Wir wollen weiterhin Wachstum haben – in der Familie und im sozialen Nahmilieu, in Natur und Kultur, in Wirtschaft und Wissenschaft, in Gemeinwesen und Gesellschaft. Sonst gibt es keinen sozialen Fortschritt. Die Bäume wachsen sicher nicht in den Himmel, aber der Mensch »wächst« lebenslang – physisch, psychisch und sozial. Auch gesellschaftlich gesehen gibt es keinen Wandel ohne Wachstum. Wenn aber Wachstum menschlichen Fortschritt zur Folge haben soll, dann muss es zum Gemeinwohl des Landes und zum Wohlergehen der Menschen beitragen.

ÖKONOMISCHER WOHLSTAND

Für die Erhaltung des Lebensstandards
Von der Vorsorge bis zur Versorgung

Die Zukunftsfähigkeit steht auf dem Spiel
»Eine neue Bescheidenheit erweist sich in Wirklichkeit als
alte Sparsamkeit. Eine Sekundär-Tugend, die in kritischen
Zeiten wiederauflebt. Die Idylle von Lebensfreude und
Dauerglück erweist sich als ein mythologischer, zutiefst
antiökonomischer Traum, der auch im Jahr 3000 noch nicht
ausgeträumt sein wird.«[31]

Die Deutschen werden ärmer
Wachsende Sorgen um die persönliche wirtschaftliche Lage

Die Deutschen bangen um ihr Geld – gestern, heute und morgen auch. Erinnert sei an den 4. Oktober 2008: Mitten in der Finanzkrise verkündeten Bundeskanzlerin Angela Merkel und Bundesminister Peer Steinbrück auf einer gemeinsamen Pressekonferenz der Bevölkerung in Deutschland, »dass Ihre Einlagen sicher sind. Auch dafür steht die Bundesregierung ein.« Es war ein Versprechen und ein beruhigendes Signal, was medial als »Merkel-Garantie« bekannt wurde, wenn es auch sehr umstritten (weil kaum einlösbar) war. Die politische Garantie verfehlte dennoch ihre Wirkung nicht: Panik- und Kettenreaktionen der Sparer blieben aus, weil die Bevölkerung der Politik vertraute.

Ein gutes Jahrzehnt später: Bundeskanzlerin Angela Merkel meldete sich in einer ARD-Sondersendung am 18. März 2020 zu Wort und appellierte an die Bevölkerung: »Es ist ernst. Nehmen Sie es auch ernst.« Die Folgen der Herausforderung, die als größte seit dem Zweiten Weltkrieg empfunden wurde: Die Börsenkurse brachen ein.

Legendär ist auch der Ausspruch des ehemaligen EZB-Präsidenten Mario Draghi vom 26. Juli 2012: »*Whatever it takes!*« Dieses geflügelte Wort gilt seither als »Draghi-Effekt« und soll ein Zeichen für Zuversicht sein – und nicht für Verzicht.

Im Zeitraum 2022/23 stehen wir vor einer vergleichbaren Situation: höchste Inflation seit fünfzig Jahren. Die Angst vor Geldentwertung und Wohlstandsverlusten breitet sich aus, die Sehnsucht nach einer Rückkehr zum Vorkrisenniveau wird stärker. Doch die historische Erfahrung von Kriegs-, Nachkriegs- und Inflationszeiten lässt die Bürger weiterhin sorgenvoll in die nahe Zukunft schauen. Verunsicherung und Zukunftsungewissheit machen sich in Deutschland breit. Mittlerweile sorgen sich zunehmend mehr Bürger um ihre persönliche wirtschaftliche Lage. Dies belegen die OIZ-Repräsentativumfragen[32] der letzten Krisenjahre 2021 (Coronakrise) sowie 2022 und 2023 (Ukrainekrieg):

> »Ich mache mir Sorgen um meine
> persönliche wirtschaftliche Lage.«
> *(März 2021: 39 Prozent –*
> *März 2022: 47 Prozent –*
> *Januar/Februar 2023: 54 Prozent)*

Die Deutschen demonstrierten in der Coronakrise eine relative Krisenresistenz. Doch jetzt inmitten einer weltweiten Eskalation der Probleme (Energie-, Versorgungs-, Ernährungskrise) nehmen die Sorgen der Bevölkerung erheblich zu – auch auf der ganz persönlichen Ebene. Gleichzeitig droht ein Absturz der Zuversicht. Nach den OIZ-Umfragen im November 2022 erwartet lediglich etwa ein Drittel der Bevölkerung (35 Prozent) »bessere Zeiten« im Jahr 2023. Im Vorjahr waren noch 53 Prozent positiv gestimmt gewesen. Mehrheitlich ist jetzt nur noch die junge Generation optimistisch eingestellt (56 Prozent). Der Eindruck entsteht: Große Teile der jungen Generation richten sich in Ruhe ein, tragen fast gelassen ihren Rucksack wirtschaftlicher Zukunftssorgen.

Andererseits zieht sich weiterhin ein ökonomischer Graben durch Deutschland. Die Bevölkerung ist und bleibt wirtschaftlich gespalten – in Sorgenvolle und Sorglose. Das eine Lager macht sich Sorgen um das persönliche Wohlergehen und lebt weitgehend auf der Schattenseite des wirtschaftlichen Wohlstands. Es sind vor allem die Geringverdienenden mit einem monatlichen Haushaltsnettoeinkommen unter 1500 Euro, die ihr Leben nicht zukunftsfest planen können (68 Prozent) – im Unterschied zu den Besserverdienenden mit einem Einkommen über 2500 Euro (49 Prozent). Auch die Höhergebildeten mit Abitur und Hochschulabschluss fühlen sich von der Wirtschaftskrise nicht ganz so stark betroffen (47 Prozent).

Für die untere Mittelschicht ist nicht das Problem, die täglichen Einkäufe nicht bezahlen, sondern sich zusätzlich neue Zähne, eine neue Brille oder eine Urlaubsreise leisten zu können. Hier fangen die substanziellen Lebensqualitätsverluste an – auch bei der Mittelschicht. Diese Bevölkerungsgruppe hat eher die Sorge, das, was sie für die nächste Generation gespart und zurückgelegt hat, wieder zu verlieren. Für Menschen in der Mitte der Gesellschaft sind nicht Brot und Butter, Salat und Blumenkohl zu teuer. Bei ihnen wachsen vielmehr die Sorgen, den erarbeiteten und verdienten Lebensstandard nicht mehr aufrechterhalten oder gar verlieren zu können.

Dabei geht es nicht nur um Geld und materiellen Wohlstand. Zeitgleich zur OIZ-Umfrage 2022 fand die Frühjahrs-Welle des Nationalen Wohlstandsindex für Deutschland (NAWI-D) von Ipsos statt. Dabei ist belegbar: Nehmen die finanziellen Sorgen zu, sind die Menschen weniger glücklich, leben weniger in Frieden mit ihren Mitmenschen und fühlen sich auch weniger gesund. Es ist davon auszugehen, dass sich mit den anhaltenden Krisenzeiten immer mehr Menschen subjektiv schlechter fühlen. Es wächst die Angst vor sozialem Abstieg und erheblichen Einschränkungen des Lebensstandards. Selbst Besserverdienende fühlen sich auf Dauer nicht mehr richtig wohl und wohlhabend, weil sie ihren gewohnten Lebensstandard einschränken oder aufgeben müssen. Wirtschaftliche Zukunftsungewissheit macht sich breit.

Die sozialen Folgen für die Zukunft können dramatisch sein. Denn mit dem immer höheren Altenquotienten aufgrund steigender Lebenserwartung nehmen auch die Kosten für die gesetzliche Renten- und Pflegeversicherung zu. Wenn die heute über Dreißigjährigen selbst Rentner oder pflegebedürftig werden, sind ihre Beitragszahlungen längst verausgabt. Die dann stark dezimierte jüngere Generation wird aufgrund sinkender Geburtenquoten den hohen Anstieg der Soziallasten nicht mehr schultern und bezahlen können. Zugleich wird die heutige Sandwich-Generation mit ihren Zukunftsrisiken und ihrer Angst vor Altersarmut alleingelassen.

Um sicher und angstfrei bis ins hohe Alter leben zu können, muss sich die Sozialpolitik schon aus humanitären Gründen der Frage eines Rechts auf Grundversorgung stellen, wenn der Sozialstaat glaubwürdig bleiben will. Denn in Deutschland sind prekäre Lebensverhältnisse zu erwarten. Der Weg in eine staatliche Existenzsicherung ist im Grunde längst vorgezeichnet. Die sogenannten fünf A (= Arme, Alte, Arbeitslose, Ausländer und Alleinerziehende) sorgen heute schon dafür, dass immer mehr Bundesbürger von Rente und Arbeitslosengeld leben müssen. Natürlich gilt auch in Zukunft das Freiheitsprinzip, wonach jeder Bürger frei von staatlicher Bevormundung und Betreuung sein Leben selbst gestalten und finanzieren soll. Dieses Freiheitsversprechen aber kann der Staat schon heute kaum mehr aufrechterhalten. Vieles deutet darauf hin, dass die gesetzliche Rente in Zukunft ein Niveau erreicht, das nur noch knapp über dem Existenzminimum liegt. Deshalb muss sich die Politik frühzeitig ernsthaft Gedanken über eine »Niveausicherungsklausel« machen, damit die gesetzliche Rente nicht auch noch das Sozialhilfeniveau unterschreitet.

Eine Grundgeborgenheit großer Teile der Bevölkerung in Deutschland ist langfristig gefährdet:

- Mit dem Strukturwandel von der Industrie- zur Informationsgesellschaft wächst die Angst der Arbeitnehmerschaft vor Niedriglöhnen, Mehrfachbeschäftigungen und Minijobs.
- In der Mittelschicht breiten sich prekäre Lebensverhältnisse aus – von Wohlstandsverlusten über den sinkenden Lebensstandard bis zur Angst vor dem gesellschaftlichen Absturz.
- Soziale Konflikte aufgrund der wachsenden Ungleichverteilung drohen, wenn es nicht gelingt, Armutsarbeitsplätze bzw. Armut mit (und nicht nur ohne) Arbeit zu verhindern.

Ein wachsender Anteil der Bevölkerung – und nicht nur die mittlere Generation – empfindet sich als sogenannte Sandwich-Generation: eingeklemmt zwischen Forderungen, Anforderungen und Überfor-

derungen, zwischen sinkenden Reallöhnen und steigenden Sozial-
abgaben, Lebensstandard- und Wohlstandsverlusten. Während ihr
der Boden der Existenzsicherheit zu entgleiten droht, schwindet die
Zukunftsgewissheit. Die Verunsicherung kann in Resignation en-
den. Der Sozialstaat in Deutschland steht damit vor einer neuen Be-
lastungsprobe. Die Angst vor Altersarmut und vor dem gesellschaftlichen Absturz schleicht sich zusehends in den Lebensalltag breiter
Mittelschichten ein. Die soziale Krise hat das Bürgertum erreicht. Immer mehr Bürger leben »unter« ihren Verhältnissen.

Die Grenzen zwischen Noch-Wohlstand und Schon-Armut werden
fließender. So gibt es Augenblicks-Armut oder Schon-wieder-Armut
oder Immer-noch-Armut. Die eindeutigen Kriterien für Armut ver-
schwimmen. Wer arm ist, kann nach außen hin (zum Beispiel durch
den Besitz eines Autos) als relativ wohlhabend erscheinen. Erst beim
zweiten Blick entdeckt man »das Prekäre, das Uneindeutige«[33] – die
Armut auf Zeit oder Widerruf. Wenn ein Kind bei einer Klassenfahrt
zu Hause bleiben muss, weil die Eltern das zusätzliche Geld nicht aufbringen können, dann bedeutet dies Ausgrenzung. Nicht die existenzielle Sorge um das Überleben oder um lebensnotwendige Grundlagen von Menschen in der Dritten Welt ist der Maßstab für Armut bei
uns, sondern die *soziale Ausgrenzung*.
   Für die Zukunft zeichnet sich ab: Armut ohne Elend breitet sich aus.
Das Ausgeschlossensein (»Exklusion«) wird subjektiv als Armut empfunden. Arm ist man ja nicht mehr, weil man unterhalb des Existenz-
minimums lebt. Nach dem EU-Verständnis gilt man als arm, wenn
man 50 Prozent (oder weniger) des durchschnittlichen Haushaltseinkommens verdient. Der Armutsstandard bemisst sich also an einem
Mindestmaß an Konsum- und Kulturgütern. Unter die Armutsgrenze
geraten zunehmend junge Menschen und Alleinerziehende sowie Singles ohne familiäre Einbeziehung. Ursachen für die wachsende Ver-
armung sind nicht nur Arbeitslosigkeit, Trennung oder Scheidung,
sondern auch die private Verschuldung für Konsumzwecke.

Die wachsende Armut kann in Deutschland zum Politikum *werden*. Vorrangige Aufgabe der Politik muss es sein, solche Lebensbedingungen zu schaffen, unter denen die Bürger über genügend Ressourcen und Kompetenzen verfügen, sich um ihr subjektives Wohlbefinden selbst zu kümmern. Ein Gleichgewichtszustand zwischen Ansprüchen und Möglichkeiten ist anzustreben, auch weil eine zu große Kluft ein erhebliches Konfliktpotenzial in sich birgt.

Die Wohlstandsentwicklung in Deutschland hat zwei Gesichter: das Wohlergehen der Märkte und das Wohlergehen der Menschen. Der Wirtschaft mag es überwiegend gut gehen, aber viele Menschen machen sich, wie zu Beginn des Kapitels dargelegt, große Sorgen um ihre persönlichen Lebensqualitätsverluste. Sie fühlen sich nicht mehr richtig wohl und wohlhabend. Sie bangen um Besitz und Geld und glauben, in einer Wohlstandsillusion wie bei einer Immobilienblase zu leben. Die Politiker werden mit dem Unzufriedenheitsdilemma großer Teile der Bevölkerung zu kämpfen haben: Objektiv geht es den meisten Deutschen ganz gut – doch subjektiv fühlen sich viele schlechter.

Eine Erklärung dafür lautet: Leben Menschen längere Zeit im Wohlstand, steigen ihre Ansprüche – bis hin zur Frage, was ihnen sonst noch im Leben fehlt, um wirklich glücklich und zufrieden zu sein. Während der Coronakrise und des Ukrainekriegs hat eine bis dahin fast grenzenlose Anspruchsinflation des Immer-Mehr ein unerwartetes Ende gefunden. Jetzt wollen die Menschen wieder auf Nummer sicher gehen. Sie reagieren mit persönlicher Zurückhaltung auf Konsumangebote im Alltag.

Diese wirtschaftliche und gesellschaftliche Entwicklung hat Folgen für die Politik. Vorausschau und Vorsorge müssen unverzichtbare Teile des Regierungshandelns werden, nachdem selbst Bundeswirtschaftsminister Habeck am 30. März 2022 im heute-journal öffentlich eingestand: »Wir werden dadurch ärmer werden, die Gesellschaft wird es tragen müssen.«[34] Und auch Baden-Württembergs

Ministerpräsident Winfried Kretschmann stimmte ihm im Berliner *Tagesspiegel* am 10. April 2022 zu: »Viele werden weniger Geld und weniger Wohlstand haben. Und diese Verluste werden deutlich und schmerzhaft sein – und womöglich über Jahre andauern.«[35] Die fast dreijährige Dauerkrise seit 2020 hinterlässt bei den Menschen Dauerspuren. Eine Konsequenz für die nahe Zukunft wird sein: Die Menschen werden ihre Lebensprioritäten verändern oder anders leben müssen.

Dabei wird »Verzicht« nicht die große Herausforderung sein. Denn was Menschen und Märkte derzeit suchen, sind *Stabilität und Sicherheit.* Für diesen »Gewinn« an Sicherheit sind die Menschen freiwillig bereit, maßvoller zu konsumieren, auch weniger Auto zu fahren und zu verreisen. Das wird nicht als Mangel und Entbehrung empfunden, sondern als eine besondere Lebenskunst der Bescheidenheit, die keine »Opfer« verlangt und auch nicht wehtut. Die Menschen machen die Erfahrung, dass sie ohne Verschwendung und Übertreibung gut leben können. Es geht auch ohne Premium- und Luxusmarken. Eher macht sich ein neues Gefühl von Hochwertigkeit breit, das mehr die Verbesserung der Lebensqualität als die Steigerung des Lebensstandards im Blick hat. So leisten sie ihren persönlichen Wertbeitrag zum Wohl von Umwelt und Gesellschaft.

Die ungleiche Verteilung des Wohlstands:
Die Kluft zwischen Arm und Reich wird größer

Zwei Jahre nach der Jahrtausendwende machte ich mir ernsthafte Gedanken über wachsende soziale Spannungen als Zündstoff für die Zukunft. Die Begründung dafür lautete: Ungelöste Konflikte neigen dazu, zu eskalieren. Nur etwa jeder vierte Bundesbürger (27 Prozent) befürchtete 2002 sehr starke »Konflikte zwischen Arm und Reich«.[36] Inzwischen haben die Zukunftssorgen der Bevölkerung auf breiter Ebene zugenommen – die Kluft zwischen Arm und Reich ist in Deutschland größer und spürbarer geworden. Die Krisenzeit der letzten Jahre hat die Spaltung der Gesellschaft geradezu eskalieren lassen. Über eine wachsende Kluft zwischen Arm und Reich klagen in der Vorkrisenzeit 60 Prozent (2019), in der Coronakrise 85 Prozent (2020) und im Ukrainekrieg 88 Prozent (Januar/Februar 2023).

In besonderer Weise betroffen (90 Prozent) fühlen sich 2022 die Noch-Berufstätigen im Alter von 50 bis 64 Jahren, für die der Ausstieg aus dem Erwerbsleben näher rückt. Sie machen sich Sorgen, von den Wohlhabenden und Gutverdienenden als künftige Ruheständler ausgeschlossen zu werden.

Große Angst vor der Ausgrenzung demonstrieren auch die Bewohner im ländlichen Raum: 94 Prozent der Landbewohner befürchten gravierende Lebensqualitätsverluste und Einbußen ihres Lebensstandards.

Sorgt die ungleiche globale Wohlstandsverteilung auch in Deutschland dafür, dass die Armen immer ärmer und die Reichen immer reicher werden? Kann der erarbeitete und verdiente Wohlstand überhaupt noch mit einiger Sicherheit an die nächste Generation weitergegeben werden?

Etwa jeder dritte Euro wird in Deutschland jährlich für Sozialleistungen ausgegeben. Das ist grenzwertig und stellt die Gerechtigkeitsfrage neu. Denn nach einer Entscheidung des Bundesverfassungsgerichts vom 24. März 2021 (Az. 1 BvR 2656/18ua) muss die »verhältnismäßige Verteilung von Freiheitschancen über die Generationen« hinweg gewährt sein. Freiheit und Gerechtigkeit sind »grundrechtsgeschützt«: Es darf nicht sein, dass soziale Leistungen heute »auf Pump« zulasten nachkommender Generationen ausgegeben werden. Auch der nächsten Generation muss der Zugang zu einem umfassenden Sozialsystem und einem Leben in Würde ermöglicht werden.

Unbestritten wächst weltweit die Kluft zwischen Arm und Reich. Nach dem Entwicklungsprogramm der Vereinten Nationen (United Nations Development Programme, UNDP) hat sich die Kluft zwischen armen und reichen Ländern seit den Siebzigerjahren mehr als verdoppelt. Das wohlhabendste Fünftel der Erdbevölkerung bezieht mittlerweile etwa das 150-Fache des Einkommens des ärmsten Fünftels. Die reichen Industriestaaten stellen nur ein Viertel der Weltbevölkerung, konsumieren aber über 60 Prozent aller Nahrungsmittel. Das energieintensive Konsumgebaren der westlichen Industrieländer stößt zunehmend an seine sozialen und moralischen Grenzen.

Der Erlebniskonsum im Westen und Norden kann doch nur dann moralisch gerechtfertigt und zukunftsfähig sein, wenn wenigstens der Versorgungskonsum im Süden und Osten der Erdkugel auf Dauer sichergestellt ist. Hier sind für die Zukunft massive Hilfeleistungen und Entwicklungsprogramme gefordert. Schon 2002 brachte das UNO-Entwicklungsprogram zum Ausdruck, dass die Konsumgewohnheiten der reichen Mittelklasse in einigen entwickelten Ländern (hoher Fleischkonsum, Besitz von Automobilen und ausgedehnter Flugreiseverkehr) auf Dauer nicht mehr tragbar seien.[37] Mittlerweile ist klar: Armut benötigt keinen Pass, um internationale Grenzen zu überschreiten – in Form von Wanderungen, Umweltzerstörung, Kriminalität oder politischer Instabilität.

Was Letztere angeht: Die Abhängigkeit Europas von China wird in naher Zukunft mindestens so groß sein wie die frühere Abhängigkeit Deutschlands von Russland. Die gesamte Hochtechnologie ist infrage gestellt, wenn Peking zum Risikofaktor werden sollte. Europa importiert 98 Prozent der seltenen Erden, die als Ausgangsrohstoffe für Halbleiter unverzichtbar sind. Daraus folgt: Wer sich realistisch auf die Zukunft vorbereiten will, muss auch das Unwahrscheinliche für wahrscheinlich halten. Ein Beispiel: Was passiert eigentlich mit der deutschen Automobilindustrie, wenn das Batteriematerial Graphit, das zu 80 Prozent aus China kommt, plötzlich nicht mehr zur Verfügung steht? Das wäre der Super-GAU, den kein Automobilunternehmen in Deutschland auf der Rechnung hat.

Wohnungsnot eskaliert in Krisenzeiten:
Immer weniger bezahlbarer Wohnraum in Stadt und Land

Mental und materiell ist die Wohnungsnot in Deutschland überall angekommen. Nach der Explosion der Energie- und Lebenshaltungskosten haben Coronakrise und Ukrainekrieg die Wohnungsnot in Stadt und Land eskalieren lassen. Die Klagen der Bevölkerung über »immer weniger bezahlbaren Wohnraum« haben sich zwischen November 2019 (46 Prozent) und Januar/Februar 2023 (86 Prozent) fast verdoppelt. Von dem Wohnungsmangel fühlen sich mittlerweile die Bewohner im ländlichen Raum noch stärker betroffen (94 Prozent) als die Großstädter (84 Prozent). Ansonsten befürchten fast alle Bevölkerungsgruppen, dass es in naher Zukunft immer weniger bezahlbaren Wohnraum geben werde.

In der Immobilienbranche gilt der Erfahrungssatz: Eine Eigentumswohnung ist so teuer wie zwei Kinder. Haben dementsprechend die kinderlosen Doppelverdiener eine gute Zukunft vor sich?

Immer öfter bleibt die Frage »Wie wollen wir wohnen?« mangels Finanzierbarkeit unbeantwortet. Ist das Grundrecht auf Wohnen und Versorgung auf Dauer gefährdet? Wie kann und soll es weitergehen? Hier sind Politiker und Unternehmer gleichermaßen gefordert, Bleibeanreize zu schaffen, die für alle finanzierbar sind.

Die Menschen träumen seit jeher vom guten schönen Leben und Wohnen in der Stadt – irgendwo. Vage umschrieben mit dem Wort *Urbanität*. Die moderne Stadtforschung hat dieses Zauberwort in den letzten Jahrzehnten zunehmend in die Nähe von »Sehnsucht«[38], »Utopie«[39] oder »Mythos«[40] gerückt. Urbanität ist beinahe zum Zeitlos-Thema geworden und gerade darum so faszinierend. Der Wunsch kommt auf: Stadtleben soll wieder neu entdeckt und belebt werden.

Gut ein Drittel des Haushaltseinkommens kostet derzeit das Wohnen in Deutschland. Die Wohnung gilt nach der Kleidung als die dritte Haut des Menschen: Status, Selbstbild, Lebensphase – alles spiegelt sich in Stil und Ausstattung der eigenen vier Wände wider. Wohnen ist gebaute soziale Wirklichkeit – als Nestbau oder Holzhaus, Familienhaus im Grünen oder Single-Loft in der City. In der Tendenz wohnen immer weniger Menschen auf immer mehr Quadratmetern.

Doch seit den Sechzigerjahren breitete sich in Deutschland ein urbaner Zukunftspessimismus aus. Die Klagen über den Verfall unserer Städte waren wesentlich eine Folge der Nach-68er-Zeit, in der selbst der Deutsche Städtetag 1971 seine Hauptversammlung unter das Motto stellte: »Rettet unsere Städte jetzt!« Kronzeuge hierfür war der amerikanische Soziologe John Kenneth Galbraith, der damals den Niedergang der Stadt von der »Metropolis« über die »Profitopolis« bis zur »Nekropolis«[41] prognostizierte.

In den heutigen Zukunftsängsten der Bevölkerung spiegeln sich die Krisenprobleme der vergangenen Jahre wider. Die Angst vor dem Verlust des Arbeitsplatzes in Verbindung mit der Vor-»Sorge« um Alters- und Rentensicherung stellen den Erhalt des Lebensstandards (und nicht nur der Lebensqualität) infrage. Es geht um existenzielle Fragen von Wohnen, Essen und Kleiden. Für die Bevölkerung ist klar: Das Allerwichtigste ist in Zukunft bezahlbarer Wohnraum in zentraler Lage. Die Angst wächst, wider Willen aus dem Wohnquartier gedrängt zu werden. Der Wohnwunsch »Bezahlbare Wohnung in zentraler Lage« gleicht einer Quadratur des Kreises. Denn Citywohnen stößt schnell an die Grenze der Finanzierbarkeit.

Gewünscht wird eine Politik der sozialen Stadt, die proaktiv Einfluss nimmt auf das Leben und die Lebensqualitäten der einzelnen Haushalte in den Wohnquartieren. Dabei muss unterschieden werden zwischen stabilen Haushalten, die finanziell weitgehend gesichert die Mehrheit bilden, prekären Haushalten, die zwar an der Armutsschwelle leben, aber durch ein gut funktionierendes soziales Netz gestützt werden, und marginalisierten Haushalten, die den Anschluss an die Mehrheitsgesellschaft verloren haben, durch Schulden belastet sind und zwischen Ausgrenzung und Ausgeliefert-Sein leben müssen.[42] Zunehmend gefragt sind in der Situation von sich

ÖKONOMISCHER WOHLSTAND

ausbreitender Wohnungsnot vor allem generationsübergreifende Wohnkonzepte: *Wie im Dorf und doch in der Stadt.* Ganze Großfamilien – Enkel, Kinder, Eltern, Großeltern – könnten so in unmittelbarer räumlicher Nähe zusammenleben.

Immer öfter stellt sich dann die Frage: »Welches Wohnquartier passt zu mir?« Jede(r) hat andere Interessen. Das ideale Wohnquartier für alle kann es gar nicht geben. Wo und wie können in Zukunft Hilfsbereite und Hilfesuchende, Kontaktfreudige und Einsame, Freiheitsliebende und Familientypen, Aktive und Passive, Macher und Mitmacher mit- und nebeneinander wohnen und leben?

Eine Variante des Lebens und Wohnens in der Zukunft lautet: einen Lebensstil mieten. Weil sich das Eigentumsdenken verändert, wird das Wohnerleben neu definiert. Wohnen wie im eigenen Haus – aber sich nicht wie ein Eigentümer um alles kümmern müssen.

Im Unterschied zu den traditionellen Mietern, die sich zwar ein eigenes Haus wünschen, es sich aber nicht leisten können, breitet sich eine »nach oben mobile Gruppe« aus, die Miete statt Eigentum wählt und in den USA etwa ein Drittel der Haushalte ausmacht. Dabei handelt es sich um sogenannte Lifestyler[43], die nur das Gefühl haben wollen, wie im eigenen Haus zu wohnen – ohne die besagten lästigen Verpflichtungen, die mit Eigentum verbunden sind.

So gesehen gibt es bald keine Normalwohnung mehr. Mit dem demografischen Wandel hört die Familie bzw. Zweigenerationenfamilie auf, Idealtypus der Gesellschaft zu sein. Der Trend geht zur Mehrgenerationenfamilie – aber nicht immer unter einem Dach. Mit der Zunahme der Lebenserwartung muss jede(r) viele und vielfältige Lebensphasen (und damit Wohnformen) durchlaufen. Idealiter müsste mit jeder neuen Lebensphase das Haus bzw. die Wohnung umgebaut und neu eingerichtet werden.

Die Immobilien werden mobil. Das Wohnangebot muss in Zukunft für den Zusammenhalt mehrerer Generationen sowie für nichtfamiliale Netzwerke (wie Nachbarschaften) förderlich sein. »Alle unter einem Dach – aber jede(r) für sich«: Das wird in zukünftigen Mehrgenerationenhäusern möglich sein. »Mehrgenerationen-wohnen« und »Lebensgemeinschaft« werden neu definiert werden müssen. Gemeinschaftliches Älter- und Altwerden wird zur großen Herausforderung für die Wohnungspolitik. »Soziale Konvois« und »Wahlverwandtschaften« werden als Lebensbegleiter immer wichtiger.

Solidarität verliert in Zukunft ihr Opferpathos und wird pragmatischer verstanden. Bis ins hohe Alter Verantwortung für das eigene Befinden tragen und sich weitgehend selbst helfen können, um anderen nicht zur Last zu fallen: Das wird die »neue Solidarität« im 21. Jahrhundert sein. Sie ermöglicht Altwerden mit Familie und Freunden statt Einweisung ins Heim. In Zukunft ist mehr bescheideneres Wohnen mit sozialer Lebensqualität als komfortableres Wohnen mit sozialer Isolation gefragt. Und das heißt: Selbstständigkeit, Sicherheit und soziale Geborgenheit. Wohnen wird Heimat mit Nestwärme.

Leistung so wichtig wie Gegenleistung:
Das Grundeinkommen bleibt eine soziale Utopie

Die fiktiven Folgen einer Gesellschaft ohne soziale Sicherung in Deutschland hatte im Januar 2007 die ZDF-Serie 2030 – *Aufstand der Alten* dramatisch aufgezeigt: Rentner erhielten nur noch eine Grundsicherung von 560 Euro im Monat. Sie drohten zu verarmen, weil sie die private Vorsorge als notwendige Ergänzung der gesetzlichen Grundrente vernachlässigt hatten. Ihre medizinische Versorgung wurde für viele unbezahlbar. So weit das Zukunftsszenario mit Realitätsbezug. Was dann aber dramaturgisch als »Doku-Fiction« inszeniert wurde, glich einer überzeichneten gnadenlosen Zukunft ohne Erbarmen: Massenquartiere in leeren Theatern mit Feldbetten für kranke Alte. Schaffung von Seniorenresidenzen in Billiglohnländern. Unterbringung von verarmten Pflegebedürftigen in afrikanischen Zelt- und Sammellagern, die zynisch als Wohlfühl-Residenzen »für den kleinen Geldbeutel« gepriesen wurden ...

Andererseits: Einheitsrente. Angst vor dem Absturz. Drohender Kollaps des staatlichen Rentensystems: Dies waren und sind durchaus vorstellbare Bilder einer ungesicherten Zukunft im Jahre 2030, in der die geburtenstarken Jahrgänge massenhaft in den Ruhestand gehen. Über den M-Faktor, das Minimum des Lebens und der Menschenwürde, muss heute ernsthaft nachgedacht werden, damit nicht morgen aus dem »Freiwilligen Frühableben« im Film eine todsichere Wirklichkeit in der Zukunft wird.

Einen filmreifen Aufstand der Alten wird es als Krieg der Generationen sicher nicht geben. Zukunftsnäher könnte eher eine Rebellion der Jungen sein, die ihre Jugend zu verlieren drohen, weil ihnen eine Zukunft zwischen Praktikum, Zeitarbeit und lebenslangen Rentenzahlungen prognostiziert wird. Sie können sich ihres Jungseins kaum mehr freuen und werden viel zu früh gezwungen, erwachsen zu werden und Verantwortung zu übernehmen. Die Forderung kann zur Überforderung werden, wozu dann auch die Angst vor der Familiengründung gehört. Um sicher und angstfrei bis ins hohe Alter leben zu können, muss sich die Sozialpolitik schon aus humanitären Gründen der Frage eines Rechts auf Grundversorgung stellen, wenn der Sozialstaat glaubwürdig bleiben will. Die Katholische Arbeitnehmerbewegung (KAB) im Diözesanverband Aachen brachte es schon 2003 als Maxime[44] so auf den Punkt: *Jeder Mensch hat von Geburt an ein Recht auf gesicherte Existenz.* Doch wer heute beispielsweise nur 80 Prozent des Durchschnittseinkommens verdient und vierzig Jahre arbeitet, hat eine Rente von etwa 625 Euro im Monat zu erwarten, was dem Sozialhilfeniveau entspricht.

Mit Hans-Jürgen Papier, dem ehemaligen Präsidenten des Bundesverfassungsgerichts, ist zu fordern: Der Sozialstaat muss sich aus der passiven Rolle befreien, immer nur die Auswirkungen der Globalisierung, Ökonomisierung und Digitalisierung des Lebens als bloße »sozialpolitische Kollateralschäden« verwalten oder abmildern zu wollen. Statt nur Auffangbecken für diejenigen zu sein, die »unter die Räder« gekommen sind, muss der Sozialstaat mehr in die Offensive gehen und Werte und Visionen zu verwirklichen suchen, die den Zusammenhalt der Gesellschaft langfristig sichern helfen.[45] Eine solche Leitidee für die Zukunft lautet aus der Sicht der Bevölkerung: Existenzsicherung statt Existenzangst!

Um den sozialen Frieden langfristig zu sichern, wird die Einführung eines Grundeinkommens vorgeschlagen, das allen Bürgern eine angstfreie Zukunft ermöglichen soll. Eine solche Forderung will das Existenzminimum sichern helfen, ohne die Bürger aus ihrer Eigenverantwortung und Vorsorgepflicht zu entlassen, durch Arbeit und Leistung selbst für ein auskömmliches Leben zu sorgen. Das Grundeinkommen weist Wege in eine gesicherte Zukunft, wenn wir heute die Weichen für morgen stellen. *Wir können, wenn wir wollen! –* Das ist die Botschaft dieses vorgeschlagenen Projekts.

Im George-Orwell-Jahr »1984« zeichnete die belgische König-Baudouin-Stiftung erstmals ein Reformprojekt aus, das eine Gruppe von Wissenschaftlern der Universität Leuwen bei einem Themenwettbewerb zur Zukunft der Arbeit entwickelt hatte. Unter Bezugnahme auf den historischen Kronzeugen Fourier bekam das Projekt den Namen »Collectif Charles Fourier«. Die Begründung des Konzepts – in einem langen Satz zusammengefasst – sprach für sich: »Streichen Sie Arbeitslosengeld, gesetzliche Rentenversicherung, bestehende Sozialleistungen und garantierte Mindestlöhne, Kindergeld, Steuererleichterungen und Pauschalen für häusliche Pflegeleistungen, Stipendien, Beschäftigungsanreize, staatliche Subventionen für marode Unternehmen und überweisen Sie jedem Bürger jeden Monat eine zur Deckung der Grundbedürfnisse einer einzelnen Person hinreichende Summe, ob sie nun arbeitet oder nicht, ob sie arm ist oder reich, ob sie allein lebt, Familie hat, mit einem Lebenspartner zusammenlebt oder verheiratet ist, ob sie früher gearbeitet hat oder nicht.«

Das Konzept endet mit der Aufforderung: »Tun Sie all dies, und beobachten Sie dann, was passiert.«[46]

Mit der Einführung eines Grundeinkommens für alle muss das Prinzip »Fördern und Fordern« keineswegs aufgegeben werden. Das Spektrum für individuelle Gegenleistung reicht von der persönlichen Fürsorge bis zur Interessenvertretung, vom Besuchen, Zuhören und Miteinanderreden bis zum regelmäßigen Sich-um-Menschen-Kümmern, von der Geldsammlung bis zur Ausschussarbeit. Der Vorschlag, bei Inanspruchnahme staatlicher Sozialleistungen eine Gegenleistung zu erbringen, entspricht den Vorstellungen der Bevölkerungsmehrheit – mit wachsender Tendenz:

> »Die Einführung eines bedingungslosen Grundeinkommens
> für alle wird ohne irgendeine Form der Gegenleistung
> in Deutschland nicht durchführbar sein.«
> *(2022: 72 Prozent – 2023: 80 Prozent)*

Die Bevölkerung setzt ein Zeichen: Gemeinsinn und Gerechtigkeitssinn stehen über allem. Wenn es staatliche Sozialleistungen für alle geben soll, muss es auch Eigenleistungen von allen geben. Die überwiegende Mehrheit der Bevölkerung in Deutschland hat ein Grundgefühl für ausgleichende Gerechtigkeit.

Wenn die Utopie eines Tages zur Wirklichkeit werden soll, müssen Staat *und* Bürger ihren Beitrag dazu leisten. Die Bevölkerung stellt sich eine Gemeinschaft auf Gegenseitigkeit vor, ein Gesellschaftsmodell wie in früheren Jahrhunderten, in der sich die Menschen in Notzeiten gegenseitig stützten und unterstützten. Derart funktionierende Dorfgemeinschaften gibt es noch heute im ländlichen Raum. Deswegen betonen insbesondere die Landbewohner (95 Prozent) die Bedeutung der Gegenleistung, auf die nicht verzichtet werden soll.

Die Frage stellt sich natürlich: Wer entscheidet über die »Form der Gegenleistung«? Geht es in erster Linie um gemeinnützige Aufgaben? Welche »gemeinnützigen« Aufgaben stehen überhaupt zur Verfügung, ohne den »Profis« und hauptberuflich Beschäftigten Konkurrenz zu machen? Hier bedarf es eines klaren Anforderungsprofils. Schließlich kann und darf ein »Gemeinnütziger« keinen Hauptamtlichen (zum Beispiel Sozialarbeiter, Erzieher, Krankenpfleger) ersetzen.

Der tschechische Schriftsteller Václav Havel hat einmal gesagt, dass es Länder gebe, in denen einige Worte mehr wiegen könnten als ein ganzer Zug voll Dynamit.[47] Vor diesem Hintergrund müssen auch Unwörter des Jahres gesehen werden, wie etwa der Zynismus des Wortes »schlanke Produktion« für die Vernichtung von Arbeitsplätzen oder »Freisetzen« als Umschreibung für Entlassen. Ein ernstes Anliegen wie das Grundeinkommen mit einem Jahrhundertreform-Anspruch muss daher klar und verständlich sein, damit nicht der geplante Schub nach vorn wegen einer missverständlichen Bezeichnung als »Schuss nach hinten« losgeht.

Die deutsche Diskussion hat sich bisher zu einseitig auf den Begriff Grund*einkommen* konzentriert. Das Problem dabei ist, dass im traditionellen Sinne ein Einkommen »verdient« (und erarbeitet) sein muss. Diese Assoziation fordert geradezu die Kritiker heraus und gibt zu Missverständnissen Anlass. Ein missverständliches Wort – und schon läuft die Diskussion in eine falsche Richtung. Man denke nur an »Kopfgeld« oder »Leitkultur«, »Neiddebatte« oder »Entlassungsproduktivität« oder an das Schicksal von Wörtern wie »Bildungsurlaub« oder »Kurlaub«. Bei beiden Begriffen lag die Annahme nahe, dass dabei mehr an Urlaub und weniger an Bildung oder Gesundheitsvorsorge gedacht werde. Für das Grundeinkommen gelten nach wie vor die von der internationalen Organisation BIEN (Basis Income Earth Network) aufgestellten Kriterien:

- Existenzsichernd im umfassenden materiellen und sozialen Sinne
- Individueller Rechtsanspruch
- Auszahlung ohne Bedürftigkeitsprüfung
- Kein Zwang zur Arbeit.

Auf den ersten Blick mag das bedingungslose Grundeinkommen wie eine Art gesetzliche Nächstenliebe erscheinen. In Wirklichkeit ist es nichts anderes als ein staatliches Sicherheitsversprechen, das allen Bürgern durch materielle Sicherheitsgarantien ein Leben in Freiheit und Menschenwürde ermöglichen und den Sturz ins Brot- und Bodenlose abwenden will.

In der öffentlichen Diskussion ist man sich einig, dass die Einführung des Grundeinkommens einem fundamentalen Systemwandel gleichkommt. Unsicher ist man sich aber darüber, wie sich eine solche Innovation auf die soziale Arbeitsnorm auswirkt. Mit dem Fehlen eines Arbeitszwangs könnte doch die Leistungslosigkeit zur neuen Norm werden und der Leistungsgedanke erodieren. Wer hat dann noch Lust zu arbeiten? Die Deutschen sind viel zu Pflichtbewusst, um sich anstrengungslos einfach »Einkommen« schenken zu lassen. Hier kommt die menschliche Psychologie zu Hilfe: Am glücklichsten sind nachweislich die Menschen dann, wenn sie etwas besitzen, was andere nicht haben. Leistungswettbewerb und Statuswettlauf werden für die meisten eine Antriebskraft bleiben, damit es ihnen besser geht als den anderen. Wichtiger als der objektiv feststellbare Lebensstandard ist dabei das subjektiv wahrgenommene Selbstwertgefühl.

Die internationale Glücksforschung weist entsprechend nach, dass ein Geheimnis des Lebensglücks darin besteht, sich an anderen Menschen zu orientieren, sich mit ihnen zu vergleichen oder zu messen. Zum Glücklichsein braucht man eine Hierarchie nach oben oder eine Hackordnung nach unten. Wenn alle das gleiche Einkommen haben, wächst die Unzufriedenheit. Pointiert und beinahe zynisch: Richtig glücklich bin »ich« erst, wenn es »mir« besser als anderen geht, wenn »ich« erfolgreicher als andere bin, und wenn »ich mich« durch eigene Anstrengungen und Leistungen nach oben arbeite, während andere dabei nach unten rutschen.[48] Es gleicht einem Wettrennen. Konkret: Wer mehr leistet, kann sich auch mehr leisten; wer mehr arbeitet, kann auch mehr konsumieren.

Leistungslust und Lebenslust werden auch mit der Einführung eines Grundeinkommens zusammengehören. Jahrzehntelang daran gewöhnt, Leistungen nur daran zu messen, ob sie beruflich verwertbar sind oder sich in barer Münze auszahlen, ergeben sich auf diese Weise Chancen für Leistungspotenziale, die sich vorwiegend in individuellen und sozialen Erfolgserlebnissen verwirklichen lassen. Damit können soziale Leistungen im zwischenmenschlichen Bereich wieder stärker zum Zuge kommen, wie zum Beispiel Rücksichtnahme und Hilfsbereitschaft. Die in einer neuen Leistungskultur vorherrschenden Prinzipien »Spaß am Tun und an einer sinnvollen Aufgabe«, »Suche nach Erfolgserlebnissen« sowie »Stolz auf die Anerkennung durch andere« werden langfristig das gesellschaftliche Leistungsbewusstsein verändern.

Die Leistungsdiskussion, die sich jahrzehntelang fast nur im ökonomischen Fahrwasser bewegte, wird um humane und soziale Dimensionen erweitert werden müssen. Mit der erweiterten Leistungskultur stirbt keineswegs das traditionelle Leistungsverständnis aus. In Schule, Ausbildung und Beruf müssen auch in Zukunft Leistungen mitunter hart erarbeitet und verdient werden – auch mit gelegentlicher Unlust oder partiellem Zwang. Mit dem Begriff Leistung verbinden die meisten Menschen nach wie vor mehr Fleiß als Spaß. Neue Leistungsqualitäten – jenseits von Notengebung oder Geldverdienen – kommen in Zukunft *zusätzlich* hinzu, sorgen nicht nur für den notwendigen Ausgleich, sondern stärken auch das Selbstwertgefühl.

Die Bismarck'sche Sozialgesetzgebung, die bis heute nachwirkt, war seinerzeit eine Jahrhundertreform, ja, geradezu eine nationale Pionierleistung der modernen Sozialpolitik, die weltweit ihre Nachahmer gefunden hat. Auch sie wurde in mehreren Zeitstufen verwirklicht – von der Krankenversicherung (1883) über die Unfallversicherung (1884) bis zur Alters- und Invaliditätsversicherung (1889). Das sozialpolitische Reformwerk fand erst nach Bismarcks Tod (1898) mit der Angestelltenversicherung (1911) und der Arbeitslosenversicherung (1927) seine Vollendung: eine Revolutionierung der sozialen Existenzgrundlagen der Bevölkerung in fünf Etappen und gut vier Jahrzehnten. Ist die heutige Sozialpolitik in Deutschland zu einer vergleichbaren Pionierleistung bereit und in der Lage, die vielleicht erst im Jahr 2060 Wirklichkeit werden wird?

Mehr Zeit zum Leben:
Zeit wird so wertvoll wie Geld

Die Krise hat das Zeitdenken verändert. Eine Zeit-Wende kündigt sich an. Die Menschen wollen wieder mehr im Zeitwohlstand leben: »Zeit ist genauso wertvoll wie Geld« (OIZ 2022: 78 Prozent). Die Folge ist eine tendenzielle Entschleunigung des Lebens, eine neue Form von Zeitgewinn und Zeitwohlstand. Nach einer langen Phase der Geldkultur, die von Geldverdienen und Geldausgeben bestimmt war, entdecken die Menschen den Wert persönlicher Zeitoptionen wieder. Mehr Geld erscheint doch wertlos, wenn nicht gleichzeitig auch mehr Zeit »ausgezahlt« wird. Das neue Zeitdenken bewirkt einen Einstellungswandel: mehr Zeit zum Leben. Die »Bleib-zu-Hause«-Forderung während der Coronakrise hat vor allem das familiäre Zeitgefühl fast revolutioniert. Mehr Zeit für Gemeinsamkeit ist zu einer neuen Alltagserfahrung innerhalb des Familien- und gesellschaftlichen Zusammenlebens geworden.

Das neue Zeitdenken ist bei Frauen etwas stärker ausgeprägt (80 Prozent) als bei Männern (76 Prozent), am meisten bei den Bewohnern im ländlichen Raum (84 Prozent), am wenigsten bei Großstädtern (70 Prozent). In der Entwicklung einer neuen Zeitkultur stehen wir erst am Anfang. Auch eine Nonstop-und-Immer-Shop-Gesellschaft braucht Zeitinseln mit Ruhe und Ritualen, »teatime« und »mañana«.

Die neuen Schlüsselfragen zur Entschleunigung des Lebens lauten:

- Was ist eigentlich wichtig für mich und was nicht?
- Woher nehme ich den Mut, auch Nein zu sagen?
- Und wie schaffe ich es, mich zu bescheiden, auch auf die Gefahr hin, vielleicht etwas zu verpassen?

Ein grundlegender Paradigmenwechsel steht uns zugleich bevor: Der Konkurrenzkampf der Anbieter um das Zeitbudget wird immer härter. Das Zeitbudget wird in Zukunft mindestens so knapp und kostbar wie das Geldbudget sein. »Zeitkriege« kommen auf uns zu, in denen auch um die Zeit (und nicht nur um das Geld) der Verbraucher gekämpft wird. Insbesondere die sozialen Medien drohen bei Jugendlichen zu chronischen Zeitfressern zu werden. Zeit wird als Wirtschaftsfaktor für die Medien immer wichtiger. Im November 2017 gestand Sean Parker, der ehemalige Präsident und Berater von Facebook, öffentlich ein, dass es bei der Gründung von Facebook nur eine zentrale Frage für die Verbraucher gab und gibt: »Wie verspeisen wir so viel wie möglich eurer Zeit?«[49] Zeitverkaufen ist ein neuer Dienstleistungsmarkt geworden. Je mehr zeitsparende Smartphone-Angebote es gibt, desto mehr werden wir uns unter Zeitdruck fühlen.

Die Folgen sind absehbar und auch nachweisbar: Netzkontakte verdrängen Freundschaftsbeziehungen – Tendenz stark steigend. Seit 2000 hat sich das Surfen im Internet vervielfacht, während sich im selben Zeitraum geradezu erdrutschartig die Unternehmungen mit Freunden halbiert haben. Das Leben wird beziehungsärmer. Es wird durch Compunikation mehr medial kommuniziert, als dass man real miteinander redet. Medien und Netzwerke entwickeln sich zu neuen Autoritäten der Jugend. Das Smartphone wird zum Babysitter und Miterzieher. Und die Eltern drohen ihr Erziehungsmonopol zu verlieren. In Deutschland gibt es mittlerweile mehr Handys als Menschen. Die IT-Giganten Apple, Google, Facebook und Microsoft agieren profitabel als moderne Zeitdiebe, die Jugendlichen Zeit stehlen. Privat reagieren sie ganz anders: Gates und Zuckerberg schicken ihre Kinder in die Waldorfschule, wo die Handynutzung verboten ist.

Ich glaube: Achtsamkeit ist das Gebot der Stunde, und die ganz persönliche Aufforderung an die Elterngeneration lautet: Beginnen Sie, die Zeit von Kindern und Jugendlichen genauso konsequent zu beschützen wie ihre Privatsphäre. Sie müssen agieren und nicht nur reagieren. Sie müssen zur Gegenwehr und – wenn es sein muss – zum Kampf gegen das Zeitdiktat vom Silicon Valley bereit sein. Sie müssen Zeitdieben wie Apple und Google, Facebook und Microsoft den Zeitkrieg erklären. Andernfalls droht die nächste Generation ihren Zeitwohlstand zu verlieren und einen großen Teil ihrer persönlichen und sozialen Lebensqualität einzubüßen.

Die Menschen wollen in Zukunft wieder mehr mit Zeitoptionen leben. Lebensqualität wird dann als Lebenszeitqualität neu definiert. »Mehr tun in gleicher Zeit« war in unserer Multioptionsgesellschaft zur Gewohnheit geworden. Mit dem Nachdenken über eine Entschleunigung des Lebens und dem Gewinn an Zeitwohlstand lebt eine alte Lebensweisheit wieder auf: »Eine Sache zu einer Zeit.« Die Menschen wollen wieder Souverän ihres Lebens werden und sich eine Mañana-Mentalität leisten können: Morgen ist auch noch ein Tag. Ein alter Menschheitstraum kann – wenn wir uns ändern – näher rücken: mehr Zeit zum Leben.

Die Flexirente auf freiwilliger Basis: Sicherung des Wohlergehens in einer Gesellschaft des langen Lebens

Die Deutschen gehen immer später in Rente. Und sie wollen auch keinen starren Renteneintritt mehr. Noch nie haben so viele Menschen ein so hohes Alter erreicht – und ein noch längeres Leben wartet auf sie. Die scharfe Trennung zwischen Arbeitsleben und Ruhestand hat sich überlebt. Bereits 2014 hatte das Bundesarbeitsministerium die Tür zur Flexirente weit aufgestoßen: »Wir wollen dafür sorgen, dass bei der Rente Zahlen wie 63, 65 oder 67 unwichtiger werden.«

Und die damalige zuständige Bundesarbeitsministerin Andrea Nahles begründete dies eingehend: »Die Menschen sind im Alter länger fit, die Anforderungen der Arbeitswelt wandeln sich. Mein Ziel ist, dass künftig jeder gemäß seiner Leistungsfähigkeit gleitend in Rente gehen kann. Dafür sind flexiblere gesetzliche Regeln nötig, aber auch neue Initiativen der Tarifparteien.«[50] Das Anliegen ist klar: Jede(r) soll so lange arbeiten, wie er/sie physisch und psychisch dazu in der Lage ist und das möchte. Die Zukunft gehört flexiblen Rentenmodellen. Die Bevölkerung bezieht dazu mittlerweile eindeutig Position:

> »Ich bin für die Einführung flexibler Altersgrenzen
> auf freiwilliger Basis mit der Möglichkeit zu
> Zuverdiensten und Erhöhung der Rentenbezüge.«
> *(Berufstätige Frauen 2023: 80 Prozent –*
> *Berufstätige Männer 2023: 82 Prozent)*

Quer durch alle Sozial- und Altersgruppen besteht bei der überwiegenden Mehrheit der Bevölkerung Einigkeit darüber, das Ende der Lebensarbeitszeit selbst zu bestimmen. Für fließende Übergänge sprechen sich vor allem die Bewohner im ländlichen Raum (91 Prozent) aus. Und auch Westdeutsche (82 Prozent) sind mehr an einer flexiblen Altersgrenze interessiert als Ostdeutsche (71 Prozent).

Der Ruhestand ist eine Erfindung der Neuzeit. Früher arbeiteten die meisten Menschen ganz selbstverständlich bis ans Ende ihres Lebens, Lebenszeit und Arbeitszeit gehörten unmittelbar zusammen. Die sogenannte Altersgrenze ist eigentlich eine Alters-Versicherungs-Grenze. Sie lag 1889 bei 70 Jahren und wurde 1916 auf das 65. Lebensjahr herabgesetzt. Die Grenze zum Alter bedeutete dabei in der Regel Invalidität und/oder Berufsunfähigkeit. Wer hingegen heute freiwillig oder zwangsweise aus dem Berufsleben ausscheidet, muss weder invalid noch berufsunfähig sein. Selbst aus der Sicht der Alternsforschung gilt die Altersgrenze als willkürlich festgesetzt.

Die gesetzliche Altersgrenze wird in einer Gesellschaft des langen Lebens von immer mehr Menschen als »Zwangsrente mit Fallbeilcharakter« empfunden. Die Beschäftigten wünschen sich deshalb für die Zukunft eine Flexirente mit einem individuellen Zeitfenster nach unten oder nach oben. Die Beschäftigten wollen einerseits mehr Geld zum Leben haben und ihren Lebensstandard sichern, aber andererseits auch im Alter weiter gebraucht und gefordert werden, also gesellschaftlich wichtig bleiben.

Die Vorstellung, Beschäftigte könnten freiwillig über die Altersgrenze hinaus arbeiten »wollen«, wird parteipolitisch schnell als »Phantomdebatte« (Hubertus Heil) und »gefühllose Entgleisung« (Kevin Kühnert) gebrandmarkt. Dabei ist empirisch längst nachgewiesen, dass zum erfolgreichen Altern (»successful aging«) Gebrauchtwerden und soziale Anerkennung gehören.[51] Jeder Mensch braucht – in jedem Lebensalter – eine Aufgabe. Das ist die Antwort auf die Frage, wofür es sich zu leben lohnt.

Mit der längeren Lebenszeit muss auch über eine längere Lebensarbeitszeit nachgedacht werden. Das kann nach dem Selbstbestimmungsprinzip freiwillig geschehen, ohne dass die Vereinbarungen der Ampelkoalition (»Es wird keine Anhebung des *gesetzlichen* Renteneintrittsalters geben«) aufgehoben werden müssen. Die flexiblen und gleitenden Übergänge in den Ruhestand können die Beschäftigten auf freiwilliger Basis schon selbst bestimmen. Ein Job. Eine Familie. Ein Ehrenamt. Das sind die Leitlinien für ein langes Leben – mit immer neuen Anfängen: Leben ist die Lust zu schaffen – für das Selbstwertgefühl und um auch gesellschaftlich wichtig zu bleiben. Das wollen und können auf freiwilliger Basis fast alle leisten, auch körperlich anstrengende Berufe wie Krankenschwestern und -pfleger, Bauarbeiter und Dachdecker. Eine Flexibilisierung der Altersgrenze ist das Gebot der Stunde und die Voraussetzung für eine Rentenreform mit Zukunft. Eine langlebige Generation im Unruhestand kann nicht mehr wie ein alter Hochofen einfach stillgelegt werden. Technologischer, sozialer und medizinischer Fortschritt setzen die griechische Mythologie von der Trias des Lebens (Ausbildung/Beruf/Ruhestand) außer Kraft. Die meisten über Fünfundsechzigjährigen fühlen sich fit und gesund, wie das Statistische Bundesamt, RKI und die Alternsforschung nachweisen. Die Generation 65plus ist gesünder als je zuvor und will nicht länger von Amts wegen in einen Ruhestand von zwanzig oder gar dreißig Jahren geschickt werden.

In Zukunft muss das Modell des flexiblen Ruhestands (»Flexirente«) zum Zuge kommen. Realisierungsansätze gab es schon Anfang der Achtzigerjahre in Deutschland – wie zum Beispiel im Unternehmen Ferdinand Pieroth: Sechzigjährige konnten wöchentlich fünf Stunden weniger arbeiten, und Fünfundsechzigjährige konnten auf Wunsch einen Arbeitsvertrag unterzeichnen, der die Weiterarbeit bis zum 67. Lebensjahr und auch darüber hinaus ermöglichte. Die Verlängerung der Lebensarbeitszeit ist für die Beschäftigten kein Tabu mehr. »Schafft den Ruhestand ab!«, lautet daher die konsequente Forderung. Acht von zehn Berufstätigen wollen nicht länger zum alten Eisen gezählt werden.

Die politische Konsequenz ist klar: Die besten Wege zur Bekämpfung von Altersarmut sind möglichst lange Beschäftigungen, Nebenjobs und Zuverdienste im Ruhestand, weil aus der gesetzlichen Rente allein der gewohnte Lebensstandard nicht gehalten werden kann. Bei einem tendenziell sinkenden Rentenniveau in den nächsten zwanzig bis dreißig Jahren wird eine wachsende Zahl von Älteren weiter arbeiten müssen und wollen. Nur eine Minderheit wird gut vorgesorgt haben. Eines ist den meisten Bürgern gemeinsam: Sie wollen oder müssen – mit oder ohne Bezahlung – bis ins hohe Alter beschäftigt sein. Länger leben muss man sich auch leisten können.

Gemeinwohlökonomie als Zukunftsaufgabe:
Wirtschaft weiter denken

In unsicheren Zeiten wächst das Bedürfnis nach Zusammenhalt, daher ist weniger Platz für Ellbogentypen. Leitbild wird eher der Sozialunternehmer, für den »unternehmerisch« und »sozial« keine Gegensätze mehr sind. Die nächste Generation versteht sich im Sinne der Prognosen des Amerikaners Jeremy Rifkin als eine Generation gemeinwirtschaftlicher Unternehmer (»Social Entrepreneurs«) mit tief greifenden Wirkungen auf das Wirtschaftsleben: Sie macht die Märkte zu Netzwerken.[52] Die nächste Generation bringt die Sinnfrage wieder ins Spiel: Willkommen im Leben! Vom Carsharing bis zum Freiwilligen Sozialen Jahr. Kindererziehung, Altenpflege und soziales Engagement setzen Zeichen für eine neue Gemeinwohlökonomie.

Das bleibt nicht ohne Folgen. Zur Erhaltung künftiger Lebensqualität werden Wirtschaftsunternehmen[53] vor allem drei Forderungen erfüllen müssen – *Flexibilität, Gerechtigkeit* und *Verantwortung:*

- Flexibilität schließt individuellere Arbeitszeiten (wie zum Beispiel Teilzeitarbeit) ebenso ein wie einen flexiblen Ruhestand, der den Übergang vom Erwerbsleben in den Ruhestand nach individuellen Bedürfnissen erleichtert.
- Gerechtigkeit meint in erster Linie eine gerechtere Lohn- und Gehaltsstruktur ohne Benachteiligung. Unternehmen sollen mehr ihrer sozialen Fürsorgefunktion nachkommen und auch durch die Bereitstellung von Ausbildungsplätzen die Zukunftschance von Jugendlichen verbessern helfen.
- Verantwortung für die Beschäftigten soll gesündere und stressärmere Arbeitsbedingungen ermöglichen. Erforderlich wird ein soziales Verantwortungsbewusstsein, das mehr Menschlichkeit zeigt. Die Unternehmen müssen auch um ein ausgewogenes Verhältnis von Shareholder-Value und Jobholder-Value bemüht sein. Gewinnstreben und moralisches Gewissen dürfen sich nicht gegenseitig ausschließen. Unternehmen müssen auch offener und flexibler gegenüber einer Neuorganisation der Lebensarbeitszeit werden und im Zuge der demografischen Entwicklung den persönlichen Wünschen der Beschäftigten nach Erziehungs- und Pflegezeiten sowie gleitenden Übergängen in den Ruhestand (Altersteilzeiten) mehr entgegenkommen.

Schließlich profitiert auch die Wirtschaft vom Sozialstaat – vom Kurzarbeitergeld bis zu Staatskrediten. Manager und Unternehmer werden nach der Krise dem Sozialstaat wieder etwas zurückgeben und Gegenleistungen erbringen müssen: Gemeinwohlökonomie muss nach der Krise auf die Agenda der Wirtschaft. Was geben eigentlich die Gewinner der Krise wie Online-Dienste, Bau- und Supermärkte freiwillig an die Gesellschaft zurück? Wo bleibt ihr Soli-Beitrag für Soloselbstständige und Kleinunternehmer, die zu den Krisenverlierern gehören? Wo sind die zusätzlichen Investitionen der Wirtschaft in ein Gemeinwesen, das selbst für den Zusammenhalt sorgt? Unternehmerisch denken und sozial handeln sind nicht länger Gegensätze. Gemeinwohlorientierte Unternehmer (»Social Entrepreneurs«) können in Krisenzeiten, in denen alle aufeinander angewiesen sind, zu einem neuen Leitbild für Führungskräfte der Wirtschaft werden. Schließlich gehören Gewinn und Gemeinwohl zusammen.

Unternehmen sind auf innovationsfreudige Mitarbeiter angewiesen – auf »Intrapreneurs«, welche die Unternehmensziele (zumindest partiell) auch zu ihren eigenen Zielen machen. Diese Intrapreneurs arbeiten sozusagen unternehmerisch, sind Unternehmer innerhalb eines Unternehmens, weil sie weitgehend selbstständig agieren können und sollen. Aus dem traditionellen Arbeitnehmer wird tendenziell ein Bürger im Betrieb mit Bürgerrechten und Bürgerverantwortung. Was im militärischen Bereich einmal für Soldaten als »Staatsbürger in Uniform« definiert wurde, das kann in Zukunft der Bürgerstatus des neuen Selbstständigen werden. Dieser Status schließt erhöhte individuelle Entfaltungsbedürfnisse ein und persönliche Abhängigkeitsverhältnisse weitgehend aus.[54] Der Bürger im Betrieb wird zum Unternehmer am Arbeitsplatz mit mehr Entscheidungskompetenz.

Dieses Leitbild *Bürger im Betrieb* kann langfristig auch das Unternehmensimage verändern: Das Unternehmen müsste sich dann wieder mehr als Gemeinwesen verstehen und zum Bürgerunternehmen entwickeln. Aus der Arbeitnehmerschaft würde – idealerweise – eine Bürgerschaft und der neue Selbstständige zum Unternehmensbürger (einschließlich Aktienbesitz): Bürgerschaft bedeutet Autonomie, also die Freiheit, sein eigenes Leben zu führen.[55] Die Folgen sind gelebtes Vertrauen und Loyalität auf beiden Seiten – beim Unternehmensbürger ebenso wie beim Bürgerunternehmen. Unternehmer am Arbeitsplatz zeichnen sich dadurch aus, dass sie neben sozialen Qualifikationen wie Kommunikations- und Teamfähigkeit Verantwortung tragen und Entscheidungen treffen können. Sie sind zugleich Innovationsmanager und Promoter des Wandels, Problemlöser und Katalysatoren in einem Suchprozess. Auch im Angestelltenstatus wollen sie unternehmerisches Handeln praktizieren.

Die Unternehmenskultur wird sich grundlegend verändern. Statt nur nach außen durch »Corporate Social Responsibility« (CSR) Verantwortung, Gesicht und Flagge zu zeigen, müssen in Zukunft mehr Werte »im« Unternehmen gelebt und »für« die Gesellschaft geschaffen werden. Es geht um »Shared Values«[56], also um Unternehmenswerte im öffentlichen Interesse, die weit über kurzfristige Gewinnziele hinausreichen. Langfristig wirtschaftlich erfolgreich können nur Unternehmen sein, die auf Nachhaltigkeit – ökonomisch, ökologisch und sozial – angelegt sind und so dem Gemeinwohl *dienen*. Ein Begriff, den die *New York Times* erfunden haben soll, heißt »Woke Capitalism«. Wirtschaftsunternehmen sollen Haltung und aufgewecktes (»woke«) Bewusstsein zeigen und nicht nur ihren Umsatz steigern, sondern gleichzeitig in sozialen und politischen Fragen zukunftsgewandt sein, ja, die Welt verbessern helfen. Findet in Zukunft in Wirtschaftsunternehmen ein solches Umdenken von der Geldmehrung zur Wertsteigerung statt?

Wer im Jahr 2030 im Beruf dauerhaft oben ankommen will, benötigt einen sozialen Kompass. Denn: Wirtschaft braucht Werte. Wertorientierte Unternehmensführung wird in der nächsten Zeit verstärkt gelehrt und trainiert werden müssen. Eine solche Werte-

Diskussion geht weit über das kurzfristige Renditedenken von Aktienwerten hinaus. Es ist allerdings noch ein langer Weg bis zu dem Tag, an dem der soziale Ertrag eines Unternehmens gleichwertig neben dem ökonomischen Gewinn steht. 2030 wird es vielleicht auch »Ethikbanker« geben, die »Social Banking« und »Social Finance« propagieren und realisieren.

Die Entstehung und Verbreitung einer sozialen Ökonomie zwingt zum volkswirtschaftlichen Umdenken: Das Soziale gilt nicht länger nur als der unproduktive, das heißt, kostenverursachende Bereich. Es wird in Zukunft eine doppelte Produktivität geben – eine Produktivität des Ökonomischen und eine Produktivität des Sozialen. Bisher dominierte die vermeintliche moralische Überlegenheit der Marktwerte gegenüber kulturellen Werten, die eher abqualifiziert wurden. Geld und Geldeinkommen galten geradezu als Maßstab für den Wert eines Menschen und als Beweis für seine gesellschaftliche Nützlichkeit. Da sich demgegenüber Dienste für die Familie oder für die Gemeinschaft nur selten in Geldeinheiten ausdrücken ließen, hatten sie traditionell einen geringeren gesellschaftlichen Wert.

Bis zum Jahr 2030 wird die Ökonomie der Waren und Dienstleistungen um eine Ökonomie des Sozialen erweitert werden müssen. Produktive unbezahlte Tätigkeiten für sich (wie häusliche Arbeiten) und für die Mitmenschen (wie Eltern- und Pflegezeit, Nachbarschaftshilfen und soziales Engagement) müssen auch bei der volkswirtschaftlichen Gesamtrechnung berücksichtigt werden. Nachweislich »erwirtschaftet« das soziale Engagement der Bürger einen hohen ökonomischen Nutzwert. Mit dem Mehrwert des Sozialen für Wirtschaft und Gesellschaft geht auch eine Steigerung des Gemeinwohls einher. Arbeitnehmer des Jahres 2030 werden doppelt produktiv sein – materiell und sozial. Sie werden über Geld- und Zeitkonten verfügen. Und zur Lebensarbeitszeit werden auch Elternzeiten, Vätermonate und Elternpflegezeiten gehören. Frei nach dem Motto: Besser leben statt mehr haben.

GESELL-SCHAFTLICHER WOHLSTAND

Für ein besseres Miteinander
Frei und in Frieden leben

Antwort auf soziale Erosionserscheinungen

»Die soziale Kälte kann morgen regieren, wenn wir uns nicht heute ändern. Besinnen wir uns und machen aus der mitunter als ›lästig‹ empfundenen sozialen ›Verpflichtung‹ eine persönlich interessante und öffentlich anerkannte Sozialleistung. Dann wird auch soziales Engagement wieder attraktiv.«[57]

»Einigkeit und Recht und Freiheit« sind keine Glücksgarantie mehr:
Sicherheit wird so wichtig wie Freiheit

Über einhundertachtzig Jahre alt ist die dritte Strophe der deutschen Nationalhymne von August Heinrich Hoffmann von Fallersleben: »Einigkeit und Recht und Freiheit … sind des Glückes Unterpfand.« Zum Unterpfand als Glücksgarantie würde heute in den anhaltenden Krisenzeiten auch die Sicherheit gehören. Freiheit ist ohne Sicherheit immer weniger wert – eine Entwicklung, die sich bereits nach der Jahrtausendwende in Konturen abzeichnete. Im Jahr 2004 machte ich mir Gedanken über die nähere Zukunft Deutschlands. Um 2020, so lautete meine Prognose, werde das Land »vor der Wende« stehen, die als krisenhaft erlebt und wie eine Stagnation im Fortschritt bzw. als Nullsummenspiel empfunden werde. Diese Wende nannte ich damals, wie schon erwähnt, »Zeitenwende«, die mit einem Verlust des Sicherheitsgefühls einhergehen werde.[58] Das erklärt auch die Zurückhaltung der Soziologie bis heute: »Zeitenwenden werden selten angekündigt.«[59]

Aus der Zeitenwende-Prognose ist Zeitenwende-Realität geworden, die sich inzwischen durch Bundeskanzler Scholz' Aussage geradezu zum politischen Schlagwort entwickelte. Es beschreibt einen sozialen Wandel, der bei den Menschen eine Grundstimmung von Ungewissheit, Unübersichtlichkeit und Unsicherheit auslöst.

Die Ausgangsbasis meiner Prognosen lautete damals: »Neue Sehnsüchte prägen neue Werte und neue Märkte. Die Menschen investieren wieder mehr in ihre sozialen Beziehungen. Der Wandel von der Wohlstandswende zur Wohlfühlgesellschaft wird folgenreich sein.«[60] Zugleich würden sich neue Lebensziele herauskristallisieren: Verantwortungsbewusster leben und für Sicherheit sorgen. Eine neue Sicherheitskultur von der Lebensversicherung und Altersvorsorge über Gesundheitsdienste bis zu stabilen Geld- und Wertanlagen breite sich aus.

Vorbereitet sein – auf Krisen, Kriege, Krankheiten, Epidemien und Naturkatastrophen. Das sind die gesellschaftlichen Herausforderungen im 21. Jahrhundert, auf die Politik, Wirtschaft und Gesellschaft Antworten geben müssen. Der Rechtsprofessor Udo Di Fabio spricht in diesem Zusammenhang von »einer scheinbar stillgestellten Gesellschaft«, die an Ungewissheiten und an dem ständigen Stop-and-Go von Lockdown und Lockerung sowie den Wechselspielen von Furcht und Verschwörungstheorien leidet.[61] Die Sehnsucht nach Sicherheit wird immer stärker. In Krisenzeiten der Ungewissheit hoffen die Menschen auf Beruhigungen, die angstmindernd wirken:

> »Stabilität und Sicherheit sind im 21. Jahrhundert
> genauso wichtig wie Freiheit und Flexibilität.«
> *(2022: 84 Prozent)*

Frauen (86 Prozent) wollen etwas mehr auf der sicheren Seite des Lebens leben als Männer (81 Prozent). Und mit zunehmendem Alter wächst das Sicherheitsbedürfnis (14 bis 24 Jahre: 71 Prozent – 25 bis 49 Jahre: 81 Prozent – 50plus: 85 Prozent). Wird der Hunger nach Sicherheit bald größer als der Durst nach Freiheit? Unsichere Zeiten sind nicht neu, wohl aber das Ausmaß, die Intensität und die Dauer der Coronapandemie. Um nicht aus dem Gleichgewicht des Lebens zu geraten, waren und sind die Menschen bereit, Einschränkungen ihrer Freiheit hinzunehmen – vom Social Distancing bis zur Quarantäne.

Auffallend ist: Krisen treten in immer kürzeren Abständen auf und werden in ihren Auswirkungen immer extremer und globaler – Finanz- und Wirtschaftskrisen genauso wie Umwelt- und Gesellschaftskrisen. Die junge Generation kennt schon fast nichts anderes: Für diese »Generation Krise« ist Unsicherheit Normalität. Sie muss umdenken und lernen, in und mit dauerhaft unsicheren Zeiten zu leben. Die Finanzmärkte kennen eine solche Volatilität schon lange: Kein Vermögenswert ist mehr wirklich sicher. Nach dem amerikanischen Risikoforscher Nassim Nicholas Taleb brauchen wir ein neues Denken für eine Welt, die bei allem Fortschritt immer unberechenbarer wird. Seine Antwort und seine Empfehlung auf die Herausforderungen in unsicheren Zeiten lautet: »Antifragilität«[62]. Damit ist eine Lebenshaltung gemeint, die mehr als nur stark, solide, robust und unzerbrechlich ist. Wer sich antifragil verhält, steht Unsicherheiten und Ungewissheiten geradezu positiv und offensiv gegenüber – und rechnet mit Unberechenbarkeiten. Weil aber Gesellschaft und Politik vielen Bürgern keinen schützenden Sicherheitsrahmen mehr »verbürgen« können, wird der Hunger nach Sicherheit größer als der Durst nach Freiheit. Dabei geht es nicht um maßlose Sicherheitsansprüche der Bürger, sondern um existenzielle Sicherheiten – Arbeitsplatzsicherheit. Geldwertsicherheit. Energiesicherheit. Versorgungssicherheit. Ernährungssicherheit. Zukunftssicherheit.

Prägt in Zukunft eine neue Welt von Sicherheitsbehörden und Sicherheitsgesetzen, Sicherheitschefs und Sicherheitschecks zunehmend unseren Lebensalltag in Deutschland? Das hohe Sicherheitsdenken der Bevölkerung wird Behörden geradezu in Daueralarm versetzen. Die Begründung der Politiker: Die Bürger sollen sich sicher fühlen und ruhig und gelassen bleiben. Auf der Strecke bleibt nicht selten die Freiheit – von der Versammlungs- über die Presse- bis zur Meinungsfreiheit. Die Gefahr ist groß, dass wir die grundgesetzlich verankerte Freiheit bald nicht mehr schützen können, weil wir sie vorher im Interesse der Sicherheit abschaffen.

In dieser Situation der Verunsicherung verhalten sich viele Jugendliche wie Krisenprofis, weshalb sie lieber spontan der Nachbarin helfen, als nach Anweisung für die Parteien Plakate zu kleben. So gesehen hat Zukunftsforschung immer mehr mit Risikoforschung als mit Science-Fiction zu tun. Und das heißt konkret: Das Undenkbare denken, mit dem Unberechenbaren rechnen und das Unwahrscheinliche für wahrscheinlich halten.

Zukunftsrisiko I:
Hass, Hetze und Gewaltbereitschaft

Am Anfang war das Wort – und nicht der Small Talk. Bei geselligen Anlässen scheint jedoch vieles anders zu sein. Es wird oft mehr konsumiert als kommuniziert, mehr übereinander als miteinander geredet. Man hat unterhaltsam und flexibel zu sein. Wer das Stichwort verpasst, wird geschnitten. Manche sind geradezu Meister im »Lauern auf das Stichwort«. Das waren die Kernaussagen des Publizisten Schwedler. Anders als zu Zeiten Theodor Fontanes oder Thomas Manns lässt sich, so wies er nach, aus der modernen Literatur herauslesen, wie sich die Gesprächskultur in der Moderne verändert hat. Gefühle gehen in der Hetze und Schnelllebigkeit unter. Von Uwe Johnson über Peter Handke bis Thomas Bernhard: In ihren Büchern unterhalten sich die Akteure fast durchweg »kurzatmig, sprunghaft, in Wortschablonen. Die Gedankenabläufe geschehen nicht im freien Austausch des Gesprächs, sondern in introvertierter Monologform.«[63] Zu Kurzkontakten gehören Kurzgefühle. Auf der Strecke bleibt oft die Sehnsucht nach einem Leben, in dem man ernsthaft miteinander reden und echte Gefühle zeigen kann und nicht aus Beständigkeit Beliebigkeit wird. »See you later« – »Bis bald« – »Wir telefonieren«.

Erstmals 1999 kündigte ich eine neue »Generation @« an, eine dauerhaft nervöse und unruhige Generation. Lust schlägt in Wut um, und aus Nervosität wird Aggressivität. Wenn sich Erwachsene gestresst fühlen, werden sie eher erst einmal unruhig und nervös. Wenn die Generation @ voll im Stress ist, wird sie eher aggressiv. Gehetzt, nervös und überreizt: Wie beim Peter-Prinzip im Berufsleben, wenn jemand so lange befördert wird, bis die eigene Kompetenz und Fähigkeit überfordert sind (was den Zusammenbruch von Hochhäusern und Brückenbauten erklärt), macht die Sinnesüberreizung die junge Generation immer nervöser und aggressiver. Dies kann auf längere Sicht die Kindesentwicklung nachhaltig beeinflussen. Wenn in Zukunft aggressives Verhalten von Kindesbeinen an geradezu »erlernt«

wird, können dann nicht eines Tages Aggressionen, Hass und Hetze, Wut und Gewalt als Normalität empfunden werden?

Im Jahr 1999 lautete meine Prognose für die nahe Zukunft: Der mediale Imperativ »Bleiben Sie dran! Abschalten können Sie woanders!« bleibt nicht ohne Folgen.[64] Die Anforderung droht zur Überforderung zu werden. Die innere Unruhe wird einfach abreagiert. Lust schlägt schnell in Wut um, und aus Nervosität wird Aggressivität. Viele fühlen sich erst dann wieder wohl, »wenn sie sich gehen lassen können«. Die Unzufriedenheit mit sich selbst »muss raus«. Sie »kann auch explosiv werden«. Der Körper reagiert mit »der vermehrten Ausschüttung von Adrenalin« und wird zum »Risikofaktor«.

Angebotsflut und Sinnesüberreizung beeinflussen auf längere Sicht das soziale Verhalten nachhaltig. Die Aggression wird sich »in Gewalt entladen«. Und mit »der wachsenden Gewaltbereitschaft wird auch die Hemmschwelle sinken«. Das »soziale Immunsystem im Menschen wird zerstört, weil das Aufwachsen in einem gewaltgeprägten Umfeld zur Normalität wird«. Aggressivität wird »als Impulsivität verharmlost«. Am Ende verlieren die natürlichen »Schutzmechanismen gegen Kriminalität an Wirkungskraft«. Gewalt wird »als normal empfunden«, und »Gewalttäter sehen sich selbst nicht mehr als Straftäter«. Eine pessimistische Horrorvision?

Gut zwanzig Jahre später ist es so weit: Über eine fortschreitende »Enthemmung der Gesellschaft« durch die steigende Bereitschaft zur Gewalt wird geklagt und gefragt: »Funktionieren unsere Sicherungen nicht mehr? Haben sich Tabus aufgelöst? Ist unsere natürliche Drosselung defekt?«[65] Auf der Strecke bleiben die Opfer der Gewalt und die Ängstlichen. Carolin Emcke, Autorin des Buches *Gegen den Hass*, erhielt im Jahr 2016 den Friedenspreis des Deutschen Buchhandels, weil sie den Zusammenhang zwischen Gewalt und Sprache nachwies. »Enthemmung«, »Verrohung« und »Hass« im Netz umschreiben die aktuelle Situation in den sozialen Medien. Auch über das Netz hinaus machen sich »Wutbürger« in Demonstrationen Luft (»Volksverräter«, »Lügenpresse«, »Haut ab«).

Auf die Pöbeleien auf der Straße reagieren Politiker längst ebenso aggressiv in ihrer Sprache: »Pack«, »Schande«, »Dumpfbacken«. Politiker pöbeln zurück. Erinnert sei nur an die Trump-Twitter. Persönlichkeitsverletzende Kommentare in den sozialen Medien sind jetzt auch im realen gesellschaftlichen Leben angekommen. Sie breiten sich fast epidemisch aus. Die Folge: Die virtuelle Gewalt in der Sprache setzt sich in der realen Gewalt auf der Straße fort. Politiker gestehen selbstkritisch ein: Staat und Politik haben hier zu lange gezögert. Hass und Häme breiten sich in den sozialen Medien aus: Eine Gefahr für die Demokratie, wie der Sturm auf das Kapitol in Washington gezeigt hat. Politik und Gesellschaft haben frühe Warnungen nicht wahrhaben wollen. Jetzt müssen sie resigniert feststellen, dass sie weder intellektuell noch kulturell auf diese immer aggressivere Entwicklung, in der gehasst, gelogen und betrogen wird, vorbereitet sind. Ein Gefühl der Überforderung, des Überwältigtseins und der Hilflosigkeit stellt sich ein. Der Staat muss reagieren und sich zur Wehr setzen. Geduld und Untätigkeit werden bald zu Ende sein und Beleidigungen und Rechtsverstöße mit Strafen und Bußgeldern geahndet werden.

Nach dem Sturm auf das US-Kapitol in Washington zog Bundespräsident Frank-Walter Steinmeier Parallelen zu den Ereignissen am Berliner Reichstagsgebäude im August 2020 mit den Worten: »Hass und Hetze gefährden die Demokratie, Lügen gefährden die Demokratie, Gewalt gefährdet Demokratie.« Das ist die Situation heute. Nach den 2022 durchgeführten OIZ-Repräsentativerhebungen sind 79 Prozent der deutschen Bevölkerung davon überzeugt: »Beleidigungen, Hass und Gewaltbereitschaft werden zunehmen.« Ost- und Westdeutsche sind hier einer Meinung (je 79 Prozent). Lediglich die Bewohner im ländlichen Raum sind in besonderer Weise (88 Prozent) davon betroffen und fühlen sich weniger geschützt vor Gewalt. Eine wachsende Aggressionsspirale kann den Umgangston und das Zusammenleben der Menschen in Deutschland in naher Zukunft grundlegend verändern.

Zukunftsrisiko II:
Kontaktarmut, Einsamkeit und Pflegebedürftigkeit

Wer einsam ist, »fühlt« sich sehr allein. Einsamkeit hat es schon immer gegeben. Auch der mittelalterliche Mönch in der Klosterzelle litt schon unter Einsamkeit und Verlassenheit. Der sogenannte horror loci, die Angst, allein im immer gleichen Raum zu sein, löst seit Jahrhunderten Traurigkeit und Verlassenheitsgefühle aus. Thomas von Aquin sprach von »Weltschmerz« zwischen Trauer, Ohnmacht und Verzweiflung. Einsamkeit ist also keine Zeitkrankheit von heute, kann aber ein millionenfaches Schicksal von morgen werden. Immer mehr Menschen leben allein, aber immer weniger Menschen können allein leben. Es gibt mittlerweile Millionen Single-Haushalte in Deutschland. Allein vor dem Fernseher sitzen, niemand da, der die gleichen Interessen teilt, der zu einem gehört oder einem zuhört, wie es in vielen Familien und Partnerschaften der Fall ist (wobei die »Einsamkeit zu zweit« fast noch nervenaufreibender sein kann). Kontaktarmut zerrt an den Nerven.

Die ehemalige Bundestagsvizepräsidentin Claudia Roth schrieb nachweislich während der Coronapandemie 2020 über zweitausend Weihnachtskarten als Grüße gegen die Einsamkeit. Selbst als Person des öffentlichen Lebens fühlte sie sich alleingelassen, weil sie auch allein lebt und keine Kinder hat. In der Pandemienot rief sie Habeck und Baerbock an und fragte: »Was ist mit uns? Den Alleinlebenden?« Sie schilderte, wie sich das anfühlt, diese Einsamkeit.[66]

Ist Massenvereinsamung derzeit das größte Zukunftsparadox? Viele Menschen drohen in der Masse zu vereinsamen, weil echte Bezugspersonen fehlen. Traurige Realität: In Großbritannien wurde 2018 ein eigenes Einsamkeitsministerium geschaffen. Aus der Pandemie kann in Zukunft eine Epidemie der Einsamkeit werden. Denn jeder Zweite, der heute geboren wird, ist in hundert Jahren noch am Leben. Einsamkeit in der Vielsamkeit kann in Zukunft ein neues

Volksleiden werden – in einer beinahe alterslosen Gesellschaft. Das Problem nur: Einsamkeit gehört zu den großen Tabus unserer Gesellschaft. Über Einsamkeitsgefühle wird geschwiegen. Die Menschen fressen die Gefühle in sich hinein und werden auf Dauer krank.

Einsamkeit gilt in der Psychologie als die stumme Schwester der Depression. Nicht jeder Einsame ist depressiv, aber jeder Depressive ist auch einsam. Kontaktsperre, Abstand halten und Social Distancing haben eine Art sozialer Unterernährung zur Folge. Die Aufforderungen »Bleib zu Hause« und »Treffen Sie niemanden« bekommen fast Fallbeilcharakter. Früher sprach man von »Waldeinsamkeit« (Ludwig Tieck), »Trost Einsamkeit« (Ludwig Achim von Arnim) und »Sinneinsamkeit« (Erich Fromm). Wird es bald eine neue Form der Kriseneinsamkeit geben?

Es existiert ein lebensnaher Seismograf für wachsende Einsamkeit in Krisenzeiten: wenn sich immer mehr Menschen bei der Telefonseelsorge melden. Sie wollen über irgendetwas reden, nur um nicht allein zu sein. Die Telefonseelsorge ist wie ein Vergrößerungsglas, das den Blick freigibt auf tiefer liegende Ängste und seelische Leiden. Die Grenzen von Einsamkeit, Depression wie auch Demenz sind fließend. Ersteres mit ein Grund, warum beispielsweise Depressionen selbst im Kindes- und Jugendalter auftreten oder Suizid im Jugendalter (nach den Verkehrsunfällen) die zweithäufigste Todesursache ist.

Die Gefahr ist nicht gebannt, dass nach der Pandemie die Epidemie der Einsamkeit kommt. Corona hat sie nicht verursacht, aber verstärkt. Seit den »Bleib-zu-Hause«-Empfehlungen der Politik wohnen und leben immer mehr Menschen in Deutschland »allein daheim«. In anhaltenden Krisenzeiten leiden Menschen zunehmend unter der sozialen Isolation; Kontaktlosigkeit kann genauso belastend wie Arbeitslosigkeit sein. In den Zeiten von Coronakrise und Ukrainekrieg hat es eine geradezu explosive Zunahme der Sorge vor Vereinsamung gegeben:

»Für viele ältere Menschen wird in Zukunft
die Kontaktarmut genauso belastend
wie die Geldarmut sein.«
(2019: 61 Prozent –
2022: 80 Prozent)

Vereinsamungsprobleme finden sich in Stadt und Land und in jedem Lebensalter. Jugendliche können sich einsam fühlen, wenn ihre Erwartungen und Ansprüche nicht erfüllt werden. Manchmal fängt die Einsamkeit schon in der Kindheit an, wenn sich die Eltern trennen oder scheiden lassen. Dann fühlen sich Kinder ausgegrenzt, isoliert und verlassen.

Gibt es Lösungsansätze? Zunächst einmal gilt: Fang bei dir selbst an. Verändere zuerst die Beziehung zu dir selbst, ehe du die Beziehung zu anderen verbessern willst. Frage dich: Was ist wichtig für mich und was nicht? Auf wen kann ich mich verlassen? Der Vereinsamung kann man nicht davonlaufen. Also muss man mit sich selbst Freundschaft schließen können und darf sich nicht immer nur leidtun.

In Krisenzeiten sind wir mehr aufeinander angewiesen. Statt Einsamkeitsgefühle zu verdrängen, sollten wir offensiv und proaktiv auf Kontaktsuche gehen, also öfter unser Schneckenhaus der eigenen vier Wände verlassen. Wir müssen die Nachbarn neu entdecken. Die Freunde sind oft weit weg, aber der Nachbar wohnt eine Tür weiter, eine Etage höher oder um die Ecke. Nachbarn können eine wirksame Haus- und Hilfsgemeinschaft in der Not sein. Also: Für andere da sein, helfen, gebraucht und gefordert werden und sozial und gesellschaftlich wichtig bleiben. Dieser Beziehungsreichtum kann wichtiger als der Wohlstand von Geld und Gütern sein. Erfüllende Aufgaben geben Antworten auf die Frage, wofür es sich zu leben lohnt.

Kontakte zu Nachbarn und Freunden müssen auch im Alter ernsthaft und konsequent gepflegt werden. Wer von uns will schon allein und einsam sterben, sodass am Ende des Lebens eine Hand ins Leere greift?

Auf die Kommunalpolitik kommen neue Aufgaben zu: Mehrgenerationenhäuser fördern, Baugemeinschaften unterstützen und Helferbörsen in Wohnquartieren einrichten. Das ist Hilfe zur Selbsthilfe. Die Bürger sollen und wollen sich selbst helfen. Nachbarschaftshilfe ist immer mehr gefragt. Kommunalpolitisches Engagement kann neue Wege aus der Einsamkeit eröffnen. Eine aktivierende Kommunalpolitik kann durch die Förderung von Nachbarschaftstreffs und Helferbörsen zum Mutmacher und Impulsgeber für Kontaktaufnahmen werden. Gefragt sind einfühlsame Menschen, die zuhören können. Zuhören ist die neue Erste Hilfe bei Kontaktarmut.

Wegweisend hierfür ist die zweitgrößte dänische Stadt Aarhus, die gezielt die Einsamkeit bekämpft und das Miteinander im Gemeinwesen fördert. Sie hilft den Einwohnern, zu einer neuen Gemeinsamkeit zu finden. Leiter der kommunalen Initiative für »Health & Care« in Aarhus ist Hosea-Che Dutschke. Zug um Zug setzt er die Forderung »Hilfe zur Selbsthilfe« um. Statt über wachsende Hilflosigkeit alter Menschen zu klagen, sorgt die Stadtverwaltung dafür, dass die Bürger sich selbst helfen und ihre soziale Isolation überwinden. Digital und real kommt Aarhus den Einwohnern entgegen. Die Kommunalpolitik hat nur ein Ziel: Eine (gem)einsame Stadt schaffen, in der aus Einsamkeit Gemeinsamkeit wird. Ja – so ist es: In dem Wort Gemeinsamkeit ist das Wort »Einsamkeit« verborgen.

Doch was passiert, wenn nichts passiert? Dann wird Wirklichkeit, was der ehemalige Bundesgesundheitsminister Jens Spahn im *SPIEGEL*-Interview vom 18. April 2018 für die nahe Zukunft ankündigte: »Der größte Kampf, den diese Gesellschaft einmal wird führen müssen, ist der gegen die Einsamkeit.«[67] Vielleicht brauchen wir in Zukunft ein neues Generationenministerium als Anwalt für die Lebensinteressen von Kindern, Jugendlichen, Familien und Senioren. Dann können wir auch auf ein Einsamkeitsministerium verzichten. In jedem Fall müssen wir Einsamkeit zum Regierungsthema machen. Das kann auch ein Einsamkeitsbeauftragter sein, um die Einsamkeit in allen Altersgruppen zu bekämpfen. Die Politik, insbesondere die Kommunalpolitik, kann freiwillige Hotlines, Helferbörsen und soziale Netze fördern und Krisendienste und Telefonseelsorge unterstützen. Nur so können wir aus der Einsamkeit Gemeinsamkeit machen.

Gibt es einen Supergau für ganz persönliche Angstgefühle? In einer Gesellschaft, in der heute jede(r) zweite Neugeborene in hundert Jahren noch am Leben ist, nimmt die Sorge zu, am Ende des Lebens zum Pflegefall zu werden. 70 Prozent der deutschen Bevölkerung (OIZ 2022) sind davon überzeugt: »Die Angst wächst, im hohen Alter zum Pflegefall zu werden und die Selbstbestimmung im Leben zu verlieren«. Und je älter die Befragten sind, umso größer sind die Sorgen (bis 34 Jahre: 57 Prozent – bis 49 Jahre: 65 Prozent – 50plus: 78 Prozent – 65plus: 83 Prozent – 80plus: 94 Prozent). Der Pessimismus dominiert auf breiter Ebene.

Die Horrorvorstellung »Zum Pflegefall werden« ist weit von der Wirklichkeit entfernt. Über 90 Prozent der 65- bis 79-Jährigen in Deutschland haben keinen Pflegebedarf. Gesundheitliche Beeinträchtigungen im Alter gibt es, aber die Angst vor der Einlieferung ins Pflegeheim ist weitgehend unbegründet. Denn zwei Drittel der älteren Pflegebedürftigen werden zu Hause versorgt – durch Familienangehörige oder ambulante Pflege. Auf den Punkt gebracht: Von den 17 Millionen Bundesbürgern im Alter von über 65 Jahren sind nur 2,2 Millionen pflegebedürftig. Das verbreitete Angstszenario Rollator/Rollstuhl/Restlaufzeit[68] hat mit der Wirklichkeit wenig zu tun. Selbstbestimmt leben ist die dominante Wohnform im Alter – und nicht das Alters- oder Pflegeheim. Bei den über Neunzigjährigen lebt die überwiegende Mehrheit noch in eigenen Wohnungen und ist mit ihrem gewohnten Zuhause auch sehr zufrieden.

Gefährdung des sozialen Friedens:
Der Sozialstaat muss sich bewähren

Der Sozialstaat hat bisher seine Bewährungsprobe bestanden. Mit überwältigender Mehrheit und Eindeutigkeit betont die Bevölkerung die Wirksamkeit des Sozialstaatsprinzips in Deutschland:

> »Ich finde es gut, dass in unserem Sozialstaat auch
> für Menschen gesorgt wird, die aus verschiedenen Gründen
> ihren Lebensunterhalt nicht in ausreichendem Maß
> bestreiten können.«
> ((Januar/Februar 2023: 85 Prozent))

Trotz über zweijähriger Krise zwischen Pandemie und Ukrainekrieg, Inflation und steigenden Energiepreisen haben die Deutschen ihr Vertrauen in die Leistungen des Sozialstaats nicht verloren. Ganz im Gegenteil: Die hohe Zustimmung ist auch ein Ausdruck für die hohe Zufriedenheit mit der Sozialpolitik in Deutschland. Quer durch alle Bevölkerungsgruppen ist ein solch hohes Vertrauen in »unseren Sozialstaat« feststellbar. Einen großen Vertrauensbeweis (86 Prozent) demonstriert die Mittelschicht mit einem Haushaltsnettoeinkommen zwischen 1500 und 2499 Euro. Sie fühlt sich nicht abgehängt oder armutsgefährdet, weil ihr der Sozialstaat den Rücken stärkt. Sie findet es einfach »gut«, dass der Sozialstaat für alle »sorgt«, die sich allein nicht mehr hinreichend helfen können. Das ist aus der Sicht der Bevölkerung verantwortliche Fürsorge und Vorsorge zugleich. Politik und Politiker werden zu den Gewinnern der Krise gezählt: Sie haben das Vertrauen der Bevölkerung zurückgewonnen und ein Zusammengehörigkeitsgefühl geschaffen. Der Sozialstaat wankt nicht. Der Sozialstaat kippt nicht. Der soziale Frieden im Land ist nicht gefährdet. Der Staat strahlt soziale Wärme aus – auch nach mehrjähriger Krisenzeit.

Der fürsorgende Staat nimmt seine Pflicht zur Daseinsvorsorge und Grundversorgung sehr ernst. Er schützt die Bürger vor sozialer

Not, vor Armut und vor Arbeitslosigkeit. Die Krise ist zur gelungenen Probe für die Menschlichkeit geworden. Der Staat hat nicht zugelassen, dass die Starken die Schwachen verdrängen oder zu Verlierern und Versagern degradieren. Der Sozialstaat hat bewiesen, dass er in Notsituationen als Kümmerer leistungsfähig und nicht überfordert ist. Er ist in der Lage, Bürger vor Armut und Arbeitslosigkeit zu schützen. Er kann aber auch manchen Existenzgründern und Soloselbstständigen Flügel für das Leben verleihen und bei Existenzproblemen geradezu zum staatlichen Rettungsschirm werden.

Jahrelang war eine große Unzufriedenheit der Bevölkerung mit Politikern und Parteien feststellbar, die aus der Sicht der Bürger mehr an den Machterhalt als an das Gemeinwohl dachten. Vertrauensverluste in Politik und Staat waren die Folge. Mit der Krise und ihrer Bewältigung wächst das Vertrauen in die Mitmenschen. Zugleich vertrauen die Bürger dem Staat wieder mehr. Es entsteht ein Gefühl von Verbundenheit und Gemeinsamkeit: »Wir«, Staat und Bürger, übernehmen Verantwortung. Nach der Krise kann Vertrauensbildung zwischen Staat und Bürger zum größten Zukunftskapital für die Demokratie werden.

Der Sozialstaat hat sich, so zeigen die Ergebnisse der OIZ-Repräsentativbefragungen, in den Krisenzeiten nicht nur als Geldverteilungsmaschine bewährt. Er hat sich auch seit Beginn der Coronakrise 2020 seiner sozialen Verantwortung gestellt und den Solidaritätsgedanken in der Bevölkerung gestärkt. Fürsorge, Vorsorge und Versorgung spielten in den Entscheidungen der Regierung eine zentrale Rolle und wurden glaubwürdig praktiziert und geregelt. Dieser »neue« Staat gewährte Schutz und Sicherheit und machte den Bürgern klar, dass sie selbst nicht alles allein leisten können. Der Staat entlastete und beruhigte die Bevölkerung in der Krise. Und die Politiker kommunizierten mit der Bevölkerung auf Augenhöhe. Das war für viele Bürger eine ungewohnte Erfahrung. Auf diese Weise kann die Krise zur Chance für einen neuen Staat-Bürger-Dialog werden, wie es ihn schon lange Jahre nicht mehr gegeben hat.

Bisher versprach die Politik allen Bürgern ein Leben in Wohlstand. In der Krise muss sich die Politik auf ein Leben in sozialer Sicherheit konzentrieren. Sinkenden Steuereinnahmen und sinkender Konsumlust steht eine wachsende Sehnsucht der Menschen nach sozialer Sicherheit gegenüber. Die Bürger wollen auf Nummer sicher gehen und sorgen- und beschwerdefrei ihrer Zukunft entgegensehen. Der Staat leistet hierbei verantwortliche Vorsorgearbeit.

In Krisenzeiten hat der Staat eine Pflicht zur Daseinsvorsorge und Grundversorgung: Er schützt die Bürger vor sozialer Not, Armut und Arbeitslosigkeit. Der fürsorgende Sozialstaat sorgt auch für die, die ihren Lebensunterhalt nicht in ausreichendem Maß selbst bestreiten können. Der Staat ist als Kümmerer in Notsituationen da und beweist Leistungsfähigkeit. Dies ist neu in der Krise: Ein starker Staat, der die Bürger schützt, und starke Bürger, die ihre Eigenverantwortung ernst nehmen und mit dem Krisenmanagement der Regierung zufrieden sind. Über die Krisenbewältigung hinaus aber wünscht sich die Bevölkerung weiterhin »weitsichtige Lösungsansätze« von der Politik. Insbesondere die junge Generation erwartet von der Politik mehr Mut zur Zukunft. Die Politik soll lebenswerte Perspektiven auf dem Weg in die Post-Krisen-Ära aufzeigen.

Gemeinsamkeit als soziale Dividende:
Hilfsbereitschaft wächst in der Krise

Das Millenniumsfieber um 2000 war der Höhepunkt einer Spaß- und Singlegesellschaft in der gesamten westlichen Welt. Die internationale Sozialforschung sprach seinerzeit vom »Bowling-alone«-Phänomen[69]: Jeder schob seine Kugel allein. Doch seit der Coronapandemie hat ein Umdenken eingesetzt: Aus dem »bowling alone« soll ein »bowling together« werden. Egoisten haben dann keine große Zukunft mehr. Es deutet sich ein Wertewandel mit positiver Grundrichtung an. Im Zentrum stehen prosoziale Werte, die auf ein besseres Miteinander der Menschen ausgerichtet sind. Dazu zählt die Hilfsbereitschaft. Die Menschen wünschen sich ein Ende der sozialen Erosion und sind durchaus zu einer moralischen Erneuerung bereit. Prosoziale Einstellungen breiten sich aus, in denen Freundschaft und Hilfsbereitschaft ein überaus positives Zukunftsbild vermitteln, das auf gravierende soziale Defizite der vergangenen Jahre schließen lässt. Für die Zukunft zeichnet sich in Konturen eine Kultur des Helfens ab, die das Zeitalter der Ichlinge bald vergessen lässt. Die Bevölkerung erwartet von der Zukunft nicht das ganz große Glück. Es sind eher die kleinen Glücksmomente des Lebens in einer entspannten und störungsfreien Atmosphäre: Stimmung, Harmonie, Geborgenheit. Garanten dafür, dass man unbeschwert leben und sich über manche schönen Augenblicke einfach freuen kann.

Die Zukunft gehört einem starken Ich und einem wiederentdeckten Wir. Dies ist das Leitbild einer sozialen Gesellschaft, die Individualisierung ausdrücklich fördert. Die Starken stärken und die Inaktiven aktivieren, die gewinnorientierte Wirtschaft fördern und den gemeinwohlorientierten Arbeitsmarkt aufbauen, eigennützige Tätigkeiten ermöglichen und gemeinnützige Tätigkeiten honorieren: Das müssen keine Widersprüche sein. So werden auch die Grenzen zwischen Starken und Schwachen fließender, weil sie beide aufeinander angewiesen sind. Dies lehrt doch die Erfahrung der Geschichte – die Not der Armen lässt auch die Reichen verarmen. Wer aber die Schwachen stärkt, bereichert das Leben der Starken, die sonst keine Freude an ihrem Wohlstand hätten.

Die Welt soll nicht aus den Fugen geraten und die Gesellschaft nicht auseinanderdriften: Auf diesen Nenner lassen sich die Wünsche der Bevölkerung für die nahe Zukunft bringen. Die Krisenzeit hat keinen neuen Menschen hervorgebracht, aber eine neue Nachdenklichkeit, ja, Besonnenheit auf das, was im Leben wirklich wichtig ist. Nicht nur etwas für sich selbst tun, sondern auch für andere da sein:

>»Für Egoismus ist in unserer Gesellschaft immer weniger Platz.
Wir müssen mehr zusammenhalten.«
(2020: 85 Prozent –
2021: 89 Prozent –
2022: 89 Prozent)

Die Krise hat ein neues Zusammengehörigkeitsgefühl entstehen lassen. Jeder ist sich nicht mehr selbst der Nächste. Die Zeit der Ichlinge ist vorbei. Heißt es in Zukunft: Da wird der Solitär eher zum Solidär? Wird dann das Für-andere-etwas-Tun als neuer sozialer Reichtum empfunden? Das mag man kalkulierte Hilfsbereitschaft nennen. Gemeinsamkeit rechnet sich, ja, zahlt sich aus – als soziale Dividende. In Krisenzeiten dominiert der Wille:

>»Ich wünsche mir eine bessere Gesellschaft und
will auch mithelfen, eine bessere Gesellschaft zu schaffen.«
(2021: 77 Prozent –
2022: 77 Prozent)

Unsere Welt ein wenig besser hinterlassen, als wir sie vorgefunden haben: Wer wünscht das nicht seinen Kindern? Nicht reden – machen! Eine bessere Welt möglich machen. Auf diesen Nenner lassen sich die Wünsche von Eltern bringen, die sich im Interesse ihrer Kinder (88 Prozent) besonders stark dafür einsetzen. So gesehen zeichnen sich die Konturen einer neuen Mitmachgesellschaft ab, in der man für sich selbst und für andere etwas tut. Der hohe Zustimmungsgrad lässt darauf schließen, dass mit diesem Anliegen auch eine Sinnfrage verbunden ist: Wissen, was uns zusammenhält und wofür wir leben!

Anwender-Demokratie:
Engagement bekommt Erlebnischarakter

Der Abschied von der Ellenbogengesellschaft steht unmittelbar bevor. Der Anspruchsstaat ist nicht länger bezahlbar und der Sozialstaat vielfach überfordert. Jetzt müssen Städte und Wohlfahrtsverbände aktiv und initiativ werden und um Freiwillige werben. Das kommt einem Paradigmenwechsel gleich: Markt und Staat verlieren ihre Dominanz, während gleichzeitig Leistungs- und Zukunftsfähigkeit traditioneller Sozialsysteme immer ungesicherter erscheinen.

In solchen unsicheren Zeiten wird die Freiwilligkeit des Bürgers als Garant für soziale Leistungen und Innovationen wiederentdeckt und ein neues gesellschaftliches Leitbild kreiert: die Bürger- und Zivilgesellschaft – jenseits von Geld und Zwangsgesetzen. Nicht mehr der Zwang zum Arbeiten und Geldverdienen ist das Maß aller Dinge, sondern die Notwendigkeit des sozialen Zusammenhalts, eine Art »social profit« – überaus wertvoll, aber weitgehend unbezahlbar. Freiwilligenarbeit und bürgerschaftliche Engagements werden »der« soziale Kitt der Gesellschaft von morgen. Die Bürger machen die Erfahrung: Wir leben in einer Dauerkrise zwischen Finanz- und Wirtschaftskrise, Umwelt- und Gesundheitskrise. In dieser Situation muss sich wieder jeder mehr selbst helfen und kann nicht wie bisher alle Probleme einfach dem Staat oder der Politik überlassen.

Klassische Sozialkarrieren, bei denen Mitgliedschaften, Ämter und Funktionen in Organisationen von den Eltern an die Kinder weitergegeben wurden, sterben langsam aus. Die Tradition, seit Generationen beispielsweise beim Sport- oder Gesangverein, bei der Freiwilligen Feuerwehr, der Diakonie oder der Arbeiterwohlfahrt aktiv zu sein, gerät immer mehr in Vergessenheit.[70] Gleichzeitig nimmt die Attraktivität von Organisationen wie Greenpeace, Attac oder letzte Generation zu, weil hier neue Ziele und aktuelle gesellschaftsrelevante Werte propagiert werden, die insbesondere für die jüngere Generation eine große Anziehungskraft besitzen. Hier können sie noch Anwender-Demokratie erleben und echte Mitverantwortung übernehmen, also Subjekt ihres Handelns sein und bleiben.

In den letzten Jahren haben sich neue Organisationsstrukturen mit individuellem und informellem Charakter entwickelt. Netzwerke Gleichgesinnter wie Fridays for Future entstanden auf breiter Ebene, also offenere und weniger instrumentalisierte Organisationsformen, die Spontaneität zulassen und mehr dem Leitbild des Freundeskreises gleichen. Diese informellen Netzwerke ermöglichen einerseits neue Formen der Solidarität, sind aber andererseits weniger stabil und nicht auf Dauer oder Lebenszeit angelegt. Vor allem die jüngere Generation findet an Spontan-Gruppierungen Gefallen. Individualisierung innerhalb und außerhalb von Organisationen ist gefragt. Die Bedeutung von Bürgerinitiativen und Mitmachbewegungen wächst, während gleichzeitig Kirchen, Parteien und Gewerkschaften immer weniger Mitglieder haben. Das Informelle wird das neue Individuelle.

Mit der Neigung, den Begriff »Ehrenamt« zunehmend durch »Freiwilligenarbeit« zu ersetzen, besteht allerdings auch die Gefahr, dass die Verbindlichkeit für das soziale Engagement sinkt, während gleichzeitig der Anteil spontaner Helfer immer größer wird. Spontaneität schließt Kontinuität weitgehend aus, vor allem bei der Jugend. Hilfsbereite Egoisten oder berechnende Helfer: Ist das die neue Generation der Ehrenamtlichen? Es gibt immer weniger selbstlose stille Helfer. Die Übertragung von Verantwortlichkeit und leitenden Funktionen wird schwieriger. Es dominiert zusehends das Informelle, Unverbindliche und Nicht-Verpflichtende – spontan und zeitlich begrenzt (vom einmaligen Aushelfen bis zur mehrtägigen Mitarbeit bei der Planung einer Aktion oder Veranstaltung). Nur die wenigsten Freiwilligen sind noch bereit, Mitglieder auf Dauer oder Lebenszeit zu werden. Sie wollen sich nicht binden und schon gar nicht unter Zeitdruck setzen lassen.

Das Zeitalter der Individualisierung hat insbesondere bei der jungen Generation seine Spuren hinterlassen. Jugendliche wollen ihr Leben leben. Soziale Verpflichtungen beeinträchtigen offensichtlich die spontane Lebensfreude. Mit der wachsenden Kommerzialisierung des Lebens kann durchaus die Entsolidarisierung im Alltag zunehmen. In Zukunft müsste aus der sozialen Last wieder eine soziale Lust werden, damit Engagement attraktiver werden kann. Mitglieder von helfenden Organisationen dürfen nicht länger das Gefühl haben, »einverleibt« zu werden, sonst glänzen sie durch Abwesenheit. Für sie muss soziales Engagement Erlebnischarakter haben oder bekommen – sonst steigen immer mehr aus.

»Wortbruch« galt in den vergangenen Jahrzehnten fast als Unwort in der Politik. Die Wähler hatten oft den Eindruck, dass das Vertrauen auf breiter Ebene schwinde, weil die Formel »Wie versprochen – so gebrochen« Normalität zu werden drohte. Viele Menschen in Deutschland waren von den wirtschaftlichen und sozialen Versprechen der Politik enttäuscht. Sie verloren zunehmend das Vertrauen in die Glaubwürdigkeit von Politikern und Parteien. »Alle Macht geht vom Volke aus«, so sagt man: Wenn die Macht aber bei (Berufs-)Politikern ankam, kehrte sie immer seltener zum Volk zurück. Macht machte gierig.

Stoppt! Rettet! Bekämpft! Die Bürger sagen inzwischen immer öfter selbst, was den sozialen Frieden gefährdet: Krisen, Ängste und Sorgen wie Fremdheitsgefühle und Integrationskonflikte, Klimawandel und Umweltprobleme, Pflegekrise und Wohnungsnot, Einsamkeit und Langeweile sowie Bindungsängste und Fähigkeitsverluste. Die Deutschen wünschen sich für die Zukunft eine umfassende Sozialagenda, die ihren Namen auch verdient.

Junge Generation befürwortet soziales Pflichtjahr:
Anzeichen für eine neue Ära der Verantwortung

»Immer diese lästigen Verpflichtungen«: Dieser Jugendspruch hat sich in Zeiten von Coronakrise und Ukrainekrieg überlebt. Die Jugend entdeckt ihr Verantwortungsgefühl wieder. Soziale Pflicht wird nicht mehr als Verlust von Selbstbestimmung empfunden. Die Doppelkrise von Pandemie und Ukrainekrieg hat bei der Jugend – wie schon bei der »Generation Sandsack«, die bei Hochwasserschutz, Deichverstärkung und Flutkatastrophen aktiv wurde – eine Welle der Hilfsbereitschaft ausgelöst. In Not- und Krisenzeiten erfährt die soziale Pflicht eine andere Wertschätzung, weil sie mit Sinn und persönlicher Herausforderung verbunden ist. Aus sozialer Unlust wird eine Sinnerfüllung mit Erfolgserlebnissen. Wenn Jugendliche für andere da sind und für die Gemeinschaft etwas tun, gewinnen sie Anerkennung und Ansehen. So gesehen stellt das soziale Pflichtjahr auch einen motivationalen Einstieg in den Sozialbereich dar, eine Orientierungshilfe für Berufsanfänger und für manche auch ein zweites Standbein bei der persönlichen Berufswahl.

> »Für Jugendliche sollte am Ende der Schulzeit
> ein soziales Pflichtjahr eingeführt werden,
> um den sozialen Zusammenhalt zu fördern und
> das Auseinanderdriften der Gesellschaft zu verhindern.«
> *(Gesamtbevölkerung 2019: 37 Prozent – 2023: 65 Prozent –
> 14- bis 24-Jährige 2019: 22 Prozent – 2023: 41 Prozent)*

Der explosive Anstieg der jugendlichen Pflichtjahr-Anhänger von 22 Prozent (2019) auf 41 Prozent (2023) beweist, dass die junge Generation in Krisenzeiten bereit ist, mehr soziale Verantwortung zu übernehmen. Geteilte Verantwortung ist gefragt, in der sich Staat und Bürger in die Pflicht nehmen und sich gemeinsam verantwortlich fühlen. Gestärkt geht der Hoffnungsträger Jugend aus der Krise hervor. Selbst- und pflichtbewusst zugleich ist die junge Generation bereit, sich den Herausforderungen der Zeitenwende zu stellen – also staatliche Hilfen anzunehmen, aber der Gesellschaft zugleich durch praktizierte Hilfsbereitschaft etwas zurückzugeben. Eine Gemeinschaft auf Gegenseitigkeit schafft ein Gefühl von Zusammengehörigkeit und setzt Zeichen für eine neue Ära der Verantwortung in permanenten Krisenzeiten.

Bundespräsident Frank-Walter Steinmeier machte sich am 12. Juni 2022 öffentlich besonders stark für die Idee eines Pflichtdienstes für junge Menschen. Um den Selbstbestimmungscharakter zu betonen, votierte er für eine Pflichtzeit (anstelle eines Pflichtjahrs). Dadurch sollen der Gemeinsinn gefördert und der gesellschaftliche Zusammenhalt gestärkt werden. Das Anliegen wird weiterhin kontrovers diskutiert. Denn die für Jugend zuständige Familienministerin Lisa Paus (Grüne) lehnt einen solchen »Eingriff in die individuelle Freiheit eines jeden Jugendlichen« ab. Die öffentliche kontroverse Diskussion hat gerade erst begonnen: Gurtpflicht. Maskenpflicht. Impfpflicht. Testpflicht … was kommt danach? Pflicht heißt auch immer: Rücksicht auf andere.

Auf jeden Fall ist Bewegung in die politische Diskussion gekommen. Ob Pflichtdienst oder Pflichtjahr, Bürgerjahr oder Gesellschaftsjahr: Es geht um einen doppelten Gewinn – für die Persönlichkeitsentwicklung der jugendlichen Schulabgänger und für das soziale Zusammenleben und den Zusammenhalt der Gesellschaft. Pflegeeinrichtungen, Krankenhäuser und Technisches Hilfswerk werden davon profitieren.

Für andere da sein und für andere etwas tun, dafür auch anerkannt werden und Verantwortung für die Gesellschaft übernehmen. Hierbei erhält man Antworten auf die Frage, wofür man lebt. Das muss nicht selbstlos sein und kann im Einzelfall auch entsprechend honoriert und vergütet werden. Was spricht eigentlich dagegen, die Jugend in die gesellschaftliche Pflicht zu nehmen? Warum nur von der Gesellschaft fordern und nichts zurückgeben? Und ist ein (verpflichten-

der) Dienst am Menschen ein Eingriff in die persönlichen Freiheits-
rechte? Im Grundgesetz ist doch ausdrücklich eine Dienstpflicht (in
Abgrenzung zur Zwangsarbeit) vorgesehen – eine für alle gleiche öffentliche Dienstleistungspflicht. Es geht im Kennedy'schen Sinne um
die Frage, was wir für unser Land tun können.

Ein Deutschlandpraktikum – ob verpflichtend oder freiwillig, ein
Jahr lang oder auf das ganze Leben verteilt – wäre in jedem Fall gut für
das Gemeinwohl. Niemand muss sich aus der sozialen Verantwortung stehlen, sondern kann Sinn darin finden, etwas für die Gemeinschaft zu tun. Das kann man Pflichtjahr oder Bürgerjahr, Deutsch-
landjahr oder Dienst für Deutschland nennen. Die Herausforderung
für alle hätte einen Namen: Deutschland dienen – und nicht alle Probleme einfach dem Staat überlassen.

Über den »Pflicht«-Begriff muss in Deutschland neu nachgedacht
werden. Vielleicht leiden die Deutschen noch unter der Friedrich dem
Großen zugeschriebenen Aufforderung, »seine verdammte Pflicht
und Schuldigkeit zu tun«. Bis zu dieser Zeit hatte die Redensart »Je-
manden in die Pflicht nehmen« eine durchaus positive Bedeutung:
eine Aufgabe übernehmen und dafür die Verantwortung tragen.
Denjenigen, die sich so verhalten, braucht man doch nach alter preu-
ßischer Auffassung nicht eigens zu danken, weil sie schließlich nur
ihre Pflicht getan haben. Pflicht und Pflegen gehören etymologisch
zusammen – frei nach der Redensart: »Ich halte es für meine Pflicht,
anderen zu helfen.« Der Anstand verlangt es einfach, pflicht- und ver-
antwortungsbewusst zu sein: »Das gehört sich so«, heißt es sprich-
wörtlich. Die Anstandspflicht erfordert es. Pflichtbewusstes Handeln
ist keine Einbahnstraße. Friedrich Schiller brachte es im *Wallenstein*
so auf den Punkt: »Er tat so viel für uns, und so ist's Pflicht, daß wir
jetzt auch für ihn was tun« (Max Piccolomini, 5. Akt, 1. Auftritt). Und
dies kann auch der Staat sein, der viel für die Bürger tut. Zurückgeben (und nicht nur nehmen) ist die neue Bürgerpflicht in schwierigen Zeiten.

ÖKOLOGISCHER WOHLSTAND

Für eine bessere Umweltqualität
Naturnah und nachhaltig leben

Eine ökologische Zeitbombe tickt
»Es muss rechtzeitig auf die Folgen einer zu rücksichts-
losen Ausbeutung der Natur aufmerksam gemacht
werden, damit wir nicht eines Tages die Natur nur
noch in Reservaten, Tiere nur im Zoo und Pflanzen
nur noch im Botanischen Garten erleben.«[71]

Der Klimawandel als größte Bedrohung:
Abschied vom »Feindbild Umwelt«

Während die Bundesumweltpolitik dringenden Handlungsbedarf an-
mahnt und vor extremer Hitze in Städten und Dürre in ländlichen
Regionen warnt, stagniert das Interesse der Deutschen an den Folgen des Klimawandels in den letzten Jahren. Klima und Umwelt haben in der Bevölkerung nicht mehr die höchste Priorität. Das Umweltbewusstsein der Deutschen sinkt vor dem Hintergrund anderer
globaler Krisen (OIZ 2019: 83 Prozent – 2020: 78 Prozent – 2023:
79 Prozent). Der Klimawandel gilt nicht mehr als größte Bedrohung.
Lediglich die junge Fridays-for-Future-Generation im Alter von 14 bis
24 Jahren signalisiert weiterhin ihr Interesse an Klimafragen (2019:
80 Prozent – 2020: 76 Prozent – 2023: 77 Prozent) verliert. Unein-
heitlich entwickelt sich das Interesse bei den Großstädtern (2019:
81 Prozent – 2020: 75 Prozent – 2023: 74 Prozent) und den Singles (2019:
82 Prozent – 2020: 82 Prozent – 2023: 78 Prozent) zurück.

Zwischen Bewusstsein und Verhalten klafft eine große Lücke. Im
Rahmen des NAWI-D 2022 ist nachweisbar: Nach wie vor lebt die
Mehrheit der Deutschen nach eigener Einschätzung »nicht umweltbewusst« (54 Prozent). Die meisten Jugendlichen im Alter von 14
bis 24 Jahren wollen von umweltbewusstem Verhalten nichts wissen (61 Prozent). Und »mit der Natur leben« findet für fast drei Viertel (71 Prozent) der Fridays-for-Future-Generation im Alltagsleben
nicht statt.[72] Eine wachsende Umweltsensibilität und Naturverbundenheit ist einstweilen nur bei einer Minderheit feststellbar. Es über-
rascht schon: Auch die STERN-Jugendstudie kam 2022 nach einer
Repräsentativbefragung von 1053 Jugendlichen unter Einbeziehung
tiefenpsychologischer Interviews zu dem Ergebnis: Umweltschutz
wird von der Jugend »am wenigsten wichtig« eingestuft (11 Prozent) –
im Vergleich etwa zur Familie (50 Prozent) oder zur Gesundheit
(52 Prozent). Die vom Kölner Rheingold-Institut durchgeführte
Untersuchung resümiert: Die Fridays-for-Future-Generation gleicht

einer »Generation Gar-nicht-so-Nachhaltig«, weil Umweltschutz mit nur 11 Prozent »besonders wichtig« als Wert weit abgeschlagen ist.[73]

Eine deutliche Problemverschiebung bei der Jugend wie auch in der übrigen Bevölkerung ist feststellbar. Soziale Fragen im Umfeld von Frieden, Gesundheit, Pflege, Rente, Armut und Einsamkeit rücken in den Vordergrund und verdrängen Umweltprobleme in ihrer subjektiven Bedeutung. Die Ökologie gerät in den Schatten psychologischer und sozialer Interessen. Der »weltweite« Klimawandel ist für viele Deutsche »weit weg«, während die ganz persönlichen Sorgen in Zeiten von Pandemie und Ukrainekrieg existenziellen Charakter haben. Dazu gehört auch das Auf- und Nachholen von verlorener Lebenszeit. Die Menschen wollen endlich wieder ohne schlechtes Gewissen ihr Leben genießen können. Dies wird allerdings durch die Energiekrise und ihre Auswirkungen erschwert.

Wird Blackout in Zukunft kein Fremdwort mehr sein? Die Energiekrise wird öfter für Stromausfälle sorgen. Nicht nur Ampelausfälle und vermehrte Verkehrsunfälle werden die Folge sein, sondern auch gravierende Einschränkungen im Arbeits- und Lebensalltag der Menschen: Telefon, TV und Internet werden davon genauso betroffen sein wie Kühltruhen in Supermärkten und Privathaushalten. Die Verbraucher befürchten dies, aber ziehen bisher keine persönlichen Konsequenzen.

Die öffentlichen Umweltdiskussionen und -demonstrationen der letzten Jahre haben ihre Wirkung auf das persönliche Verhalten der Menschen überschätzt. Das Leben leben bewegt immer mehr Menschen – jetzt: Sie wollen nicht auf später vertröstet werden. Politiker und Parteien müssen zur Kenntnis nehmen, dass bei einem großen Teil der Bevölkerung die Opferbereitschaft in den Krisenzeiten während der Coronakrise ihre Schmerzgrenze erreicht hat. Jetzt wollen die Menschen endlich ihre Freiheiten zurück – und auch Freude an Urlaubsreisen ohne Schuldgefühle haben. Reisen soll wieder die populärste Form von Glück werden.

Doch Veränderungen künden sich immer in Minderheiten an, die als Leitbild Zug um Zug auch bei der Mehrheit verhaltensprägend werden können. Die Deutschen nehmen zunehmend Abschied vom vermeintlichen Feindbild Umwelt, das bisher als größte Bedrohung der Zukunft galt, weil die Menschen mehr gegen die Natur als mit der Natur lebten. Deutet sich nun eine Rückbesinnung auf die vitale Bedeutung der Natur an: die Natur als Grundlage des Lebens?

Die Coronakrise hat das Umdenken verstärkt. Naturverbundenheit und Umweltbewusstsein werden wieder mehr als Einheit gesehen. In den letzten Jahren hat der Lebensqualitätsfaktor »Ich lebe mit der Natur« erneut an Bedeutung gewonnen. Das kann für die Umweltpolitik der nächsten Jahre hilfreich sein.

Grenzen des Naturerlebens:
Die Natur versteht keinen Spaß

Jahrhundertelang bedeutete Natur harte Arbeit für den Menschen. Und: »Wo die Natur nicht will, ist die Arbeit umsonst« (Seneca). Der Mensch musste lernen, mit der Natur und nicht gegen sie zu leben. Dieses Leben in natürlichen Grenzen glich keiner Idylle. Es war mitunter nicht einmal überlebenssicher. Alles in der Natur geschah aus Notwendigkeit. Die Natur verstand keinen Spaß. Der Mensch konnte gegen das natürliche Gleichgewicht verstoßen, aber die Natur vergaß nichts. Und meist erfolgte die Bestrafung auf dem Fuße.

Die Natur verlangte ihr Recht und ließ sich nicht zwingen, bis die modernen Naturwissenschaften (Descartes, Leibniz, Newton und andere) sich ihrer bemächtigten und der Natur ihren magischen Charakter raubten. Damit begannen auch die Geringschätzung und Ausbeutung der Natur. Die Natur stand plötzlich zur freien Disposition – Luft, Boden, Wasser, Vegetation und Wälder als Grundlage menschlicher Existenz.

Erinnern wir uns: Natur als Lebensgenuss wurde erst im 14. Jahrhundert von dem italienischen Dichter Francesco Petrarca[74] entdeckt, als er mit seinem Bruder den 1909 Meter hohen Mont Ventoux bestieg. Petrarca war der erste uns bekannte Mensch des Mittelalters, der die Bergbesteigung aus bloßer Neugier und zum eigenen Vergnügen vornahm. Er überwand die jahrhundertelang empfundene »Scheußlichkeit der Alpen« und wurde zum geistigen Begründer des modernen Alpinismus.

Den Spuren Petrarcas zogen viele nach als »Pilger seines Geistes«. Vier Jahrhunderte später hat sich schließlich die Alpenbegeisterung zum »Pilgerfahrtziel der modernen europäischen Welt« entwickelt, wie Horace Benedicte de Saussure (1740–1799), der Erstbesteiger des Mont Blanc, die neue europäische Massenbewegung umschrieb.[75] Ernst und Schrecken der Natur wichen Vergnügen und Genuss. Reisen und Naturerleben wurden zum Privileg finanzkräftiger Müßiggänger, von »Sonntagstouristen, Naturvergnüglingen und Lebensgenussreisenden«.[76] 1871 erschien das Werk des Engländers Leslie Stephen *The Playground of Europe* mit einer Beschreibung der Situation in den Schweizer Alpen: Das Heer der Sightseeing-Touristen drohte die Alpenlandschaft zur Spielwiese und zum Tummelplatz Europas zu machen.[77]

»Auf den Bergen ist die Freiheit, auf den Bergen ist es schön.« Im Zeitalter der Massenmobilität bekommt das Lied eine neue Dimension: Wenn Menschen in Massen in die Berge fahren und Wasser in Massen von den Bergen fließt, die Berge im Winter kreißen und im Sommer ins Rutschen geraten, dann kann die Freiheit des Naturerlebens nicht grenzenlos sein. Mit den Bergen geht es seit Jahren bergab: Bergrutsch in den französischen Alpen, Erdrutsch-Katastrophen in Tirol, Schlammlawinen in den Schweizer Kantonen Tessin, Uri, Wallis und Graubünden. Hinzu kommen Felsstürze im Allgäu. Und das alles weitestgehend hausgemacht (und weniger schicksalhafte Naturkatastrophe).

Die mobilen Ansprüche und Gewohnheiten der meisten Menschen haben das Ökosystem der Bergwelt empfindlich gestört. Was aus meteorologischer Sicht früher ein völlig normaler Vorgang war, nimmt heute und in naher Zukunft dramatische Formen an: Gewitter werden zu Katastrophen, Hochwasser zur Sintflut. Touristische Eingriffe in die Landschaft haben die Fähigkeit des Ökosystems ruiniert, das Regenwasser zu bändigen. Aus Rinnsalen wurden »Schusskanäle«. Mit der Sanftmut der Bergwelt ist es bald vorbei. Sind die Alpen noch zu retten?

Auf diese Problematik habe ich erstmals 1991 in dem Buch *Ökologie von Freizeit und Tourismus* hingewiesen. Inzwischen sind drei Jahrzehnte vergangen. Nach wie vor gilt: Das Naturerleben macht einen wesentlichen Teil der individuellen Lebensqualität aus. Doch die Expansion außerhäuslicher Aktivitäten kann auf Dauer nicht folgenlos bleiben. Aggressiver oder sanfter Umgang mit Natur und Umwelt wird von den Menschen durch »Abstimmung mit den Füßen« entschieden. Nur ein verändertes Verhalten kann der Schlüssel zur Problemlösung für die Zukunft sein. Die innere Bereitschaft zum Umdenken und zur Änderung eingefahrener Gewohnheiten muss erschlossen werden: Gesucht wird eine sanfte Mobilität, die ökologisch gesehen keine Spuren hinterlässt ...

Für das Naturerleben unverzichtbare Gebiete sind die Waldflächen, die einen Anteil von etwa dreißig Prozent des Bundesgebiets ausmachen. Waldflächen dienen in besonderer Weise den Erholungsbedürfnissen der Bevölkerung. Allerdings sind seit Ende der Siebzigerjahre großflächige Waldschäden feststellbar. Luftverunreinigungen sind eine wesentliche Ursache dieser Schäden. Dabei ist die Tanne die am stärksten geschädigte Baumart. Zugenommen haben die Schäden aber auch bei der Kiefer und vor allem bei der Eiche. Bei allen Baumarten sind die über sechzigjährigen Bestände besonders stark gefährdet. Neben Deutschland haben insbesondere Dänemark, Großbritannien, Liechtenstein, die Niederlande, die Schweiz und die osteuropäischen Länder einen hohen Schädigungsanteil zu verzeichnen.

Um Natur und Landschaft zu schützen, hat das Bundesnatur-schutzgesetz verschiedene Schutzgebiete geschaffen. Das massenhafte Naturerleben von Ausflüglern und Touristen soll dadurch in umweltverträglichen Grenzen gehalten werden. Die Natur reguliert sich normalerweise von selbst. Doch irgendwann ist auch ihre Regenerationskraft erschöpft, und der Treibhauseffekt kann das Ökosystem zum Kippen bringen: Der Kipp-Punkt ist erreicht, wenn beispielsweise das Wasser in den südamerikanischen Tropen immer knapper wird. Dann drohen Regenwälder zu verssteppen. Zurück bleiben lebensfeindliche Wüsten.

Unter der Voraussetzung, dass die Maßnahmen gegen den Treibhauseffekt weiterhin relativ wirkungslos bleiben, rechnen die Klimatologen mit deutlichen Klimaveränderungen: In den polaren Regionen würden sie doppelt so hoch wie in den Tropen sein. Erstes Indiz wären öfter auftretende Dürren oder das Verschwinden vieler kleiner Gletscher. Mit dem Hinweis auf die Vernichtung der Regenwälder durch Brandrodung ist es dann allein nicht mehr getan.

»Travel« und »Travail«:
Mobilität als Lebensprinzip

Eine chinesische Delegation war in den Neunzigerjahren in Deutschland zu Gast. Mit einer deutschen Expertengruppe von Verkehrspolitikern fuhr sie durch Nordrhein-Westfalen. Bei der Ankunft auf der Autobahn ging fast nichts mehr: Die Autos standen in einem gigantischen Stau, die Luft war schlecht – doch die Stimmung der Chinesen gut. Warnend und fast beschwörend appellierte dennoch der Sprecher der Deutschen an die ausländische Delegation: »Setzen Sie in China nicht so stark auf die Autos. Schauen Sie her, zu was das bei uns geführt hat.« Die Chinesen sahen sich wechselseitig relativ verständnislos an und gaben dann dem Dolmetscher die Frage zurück: »Wieso macht ihr Deutschen es denn, wenn es so blöd ist?«[78] Recht haben sie. Offensichtlich ist bei den meisten Autofahrern bis heute die Lust immer noch größer als der Frust – sonst würden sie es doch nicht tun. Werden also die 400 Millionen Chinesen, die heute noch mit dem Fahrrad fahren, in Zukunft mit 400 Millionen Autos unterwegs sein, weil auch sie etwas erleben wollen? Viele Anzeichen sprechen dafür, dass die mobile Lust am Autofahren auch in den nächsten Jahren nicht sinken wird.

Die Erklärung: Die Menschen waren mobil, noch ehe sie sesshaft wurden. Seit Jahrzehnten weise ich in meiner ehemaligen Rolle als »Tourismusforscher« immer wieder auf das Faktum hin: Die Geschichte der Menschheit ist eine Geschichte der Mobilität, des Ortswechsels und der großen Wanderungen. Mobilität gilt als menschliches Urbedürfnis. »Travel« und »Travail«, Reisen und Arbeiten, haben die gleiche Wortwurzel und deuten auf das gleiche Phänomen hin: Der Mensch kann auf Dauer nicht untätig in seinen eigenen vier Wänden verweilen. Und auch eine Pandemie kann auf Dauer das menschliche Mobilitätsbedürfnis nicht außer Kraft setzen.

Psychoanalytisch gesehen gleicht ein Reiseverzicht fast einer narzisstischen Amputation, einer Amputation des Selbstwertgefühls vergleichbar. Ein länger anhaltender Reiseverzicht führt zu schmerzhaften Entzugserscheinungen – genauso wie ein Leben ohne Fernsehen, Handy und Internet. Ein dauerhaftes Verbot von Mobilität und Reisen hätte Folgen – für den Einzelnen und auch für das Zusammenleben in der Gesellschaft. Frust, Langeweile, Depressionen und Aggressivität würden sich ausbreiten. Es gäbe kein Ventil zum Dampfablassen mehr.

Die Pandemie der letzten Jahre hat manche Reisepläne wie eine Luftblase platzen lassen. Weder Tschernobyl und Fukushima noch der 11. September 2001 oder die Finanzkrise um 2008/2009 konnten annähernd einen solchen Absturz in den Reiseplänen der Menschen auslösen. Flug- und Kreuzfahrttourismus kamen zeitweilig zum Erliegen. Märkte und Menschen, Hotellerie und Gastronomie konnten sich von dieser unerwarteten Kehrtwende, die einem Stillstand glich, nur langsam wieder erholen. Die Lust an der Mobilität ist dennoch ungebrochen. Reisen ist ein Stück vom Glück, *der* Kontrast zum Stillstand des Lebens. Weder der Drang ins Grüne oder Freie noch der Wunsch nach Orts- oder Tapetenwechsel motivieren die Menschen am meisten zu massenhafter Mobilität. Auch nicht das Reisen als Statussymbol wird bei einem Reiseverzicht vermisst. Was nach Meinung der Bevölkerung dieses Mobilitätsbedürfnis am ehesten erklärt, ist die »Angst, etwas zu verpassen«. Viele haben die Befürchtung, geradezu am Leben vorbeizuleben, wenn sie sich nicht regelmäßig in Bewegung setzen. Motorisierte Mobilität entwickelt sich nicht selten zum körperlichen Bewegungsersatz.

Es bestätigen sich Analysen des Amerikaners Vance Packard aus den Siebzigerjahren, der seinerzeit der Frage nachging, warum die Menschen immer rastloser und mobiler werden – im Grunde genommen nicht auf irgendein Ziel hin, sondern immer von etwas weg. Packard nannte dieses Phänomen das »Kalifornien-Syndrom«[79]. Das Kalifornien-Syndrom basiert auf den beiden Säulen Zeit und Geld: Aus jedem Tag und jeder Stunde muss so viel wie möglich herausgeholt werden. Man lebt und konsumiert im Hier und Jetzt: »Lebe dein Leben, genieße es – solange du noch kannst.« Hauptsache, die Langeweile ist ganz weit weg.

Die Mobilität an sich hat viele Ursachen. Es gehört zum Wesen der menschlichen Natur, so sagte schon Plinius, reiselustig und nach Neuem begierig zu sein. Innere Unruhe und Bewegungsdrang, Angst vor Monotonie und Langeweile, das Bedürfnis, vorübergehend dem Alltag zu entfliehen, und der Wunsch nach Wechsel und Abwechslung sind die heimlichen Triebfedern für die Lust an der Mobilität. In dem Verlangen, der eigenen Zeit und eigenen Umwelt zu entfliehen, in der Abwendung vom Alltag und der Sehnsucht nach Neuem liegt die Faszination der Mobilität. Es ist ein geradezu kindliches Vergnügen, so äußerte sich schon Ortega y Gasset in seinem Essay *Der Aufstand der Massen*, die leere Geschwindigkeit spielen zu lassen. Wir können an mehreren Orten sein als früher, Ankunft und Abfahrt öfter genießen und in kürzere kosmische Zeit mehr gelebte Zeit zusammendrängen.[80] Zeit und Raum werden scheinbar aufgehoben – durch Mobilität. Mobilität ist zur Chiffre für die menschlichen Träume und Wunschbilder vom schöneren Leben geworden. Sie steigert die Freude am Leben und hält auch innerlich mobil. Mobilität sagt etwas darüber aus, was uns bewegt und wie wir uns bewegen.

An der Massenmobilität partizipieren mittlerweile alle sozialen Schichten. Mobilität kann als Ausdruck für Dynamik in der modernen Industriegesellschaft verstanden werden. Das Mehr an Zeit, Geld und Bildung in den letzten Jahrzehnten hat dem Individuum in seiner privaten Lebensgestaltung neue Bewegungsspielräume eröffnet (zum Beispiel Tagesausflüge, Wochenendfahrten und Urlaubsreisen), aber gleichzeitig auch berufliche Pflichten auferlegt: Vom Arbeitnehmer wird Mobilitätsbereitschaft gefordert, also berufliche Mobilität, die meist auch private und familiäre Mobilität nach sich zieht. Damit die Wirtschaft »auf vollen Touren« laufen kann, muss der Arbeitnehmer jederzeit offen für Mobilität sein – selbst dann, wenn Partnerschaft, Ehe und Familie darunter zu leiden haben.

Der Soziologe Ulrich Beck sprach infolgedessen schon in den Achtzigerjahren davon, dass das Arbeitsmarktmodell in letzter Konsequenz eine »vollmobile Single-Gesellschaft«[81] fördert oder schafft. Wer unter diesen Voraussetzungen Mobilitätsverzicht erwarte, würde geradezu an den Grundfesten unserer Gesellschaft rütteln. Die Mobilitätsqualität (und nicht die Mobilität generell) ist heute fragwürdig geworden. Das Nachdenken über eine neue Mobilitätsqualität ist der sicherste Weg, um das menschliche Mobilitätsbedürfnis zu erhalten.

ÖKOLOGISCHER WOHLSTAND

Kluft zwischen Moral und Verhalten:
Der lange Weg »zur guten Gewohnheit«

Die Erfahrungen in der Umweltdiskussion der letzten Jahre haben gezeigt, dass die Bereitschaft der Bevölkerung, zum Nutzen kommender Generationen auf eigene Vorteile zu verzichten, relativ gering ist. Nach wie vor hat die Erkenntnis der Zukunftsforschung (»Wer den Menschen etwas Schönes wegnimmt, muss ihnen etwas anderes Schönes dafür geben«) Gültigkeit. Wer also Generationengerechtigkeit und Vorsorge für künftige Generationen realisieren will, muss gleichzeitig über positive Gegengewichte nachdenken: über Entschädigungen, Vergünstigungen und Steuererleichterungen genauso wie über Anerkennungen und Prestigefaktoren.

Abgase aus den Schornsteinen. Saurer Regen über Deutschland. Der Wald stirbt. So lauteten die Schlagzeilen der Siebziger- und Achtzigerjahre. Die Medien waren sich weitgehend einig: Die ersten Wälder würden schon in den nächsten Jahren sterben. Waldsterben wurde zum Thema im Bundestagswahlkampf, und die ersten Grünen zogen ins Parlament ein. Abweichende Ansichten gab es kaum. Alarmismus und Aktionismus beherrschten das Land. Und das Bundesinnenministerium verschickte gar 1984 an alle deutschen Haushalte Päckchen mit Rotfichten-Samen, damit jeder einen neuen Baum im Kampf gegen das Waldsterben setzen konnte … Heute lebt der Wald immer noch. Aber die apokalyptischen Szenarien haben bewirkt, dass Wissenschaft, Medien und Politik inzwischen auf breiter Ebene grundlegende Veränderungen im Umweltbewusstsein der Bevölkerung erreichten.

Die psychologische Umweltbewusstseinsforschung hat allerdings schon frühzeitig auf die Kluft zwischen Umwelteinstellungen und Umweltverhalten aufmerksam gemacht. Danach muss deutlich unterschieden werden zwischen Wissen und rationalen Bewertungen, Gefühlsäußerungen und Verhaltensabsichten. Die Einstellungen hängen wesentlich von den jeweiligen Situationsbedingungen ab und werden entscheidend durch sie geprägt. Umweltbewusstsein und Umweltverhalten gehören zusammen, aber sie sind nicht dasselbe. Das Umweltbewusstsein muss ebenso rational wie emotional in der Persönlichkeit verankert sein, ehe es »zur guten Gewohnheit« im eigenen Verhalten werden kann. Es reicht nicht aus, nur die Anschauungsweise zu ändern, wenn gleichzeitig die Lebensweise unverändert bleibt. Doch von der Sichtweise zur Lebensweise ist es noch ein weiter Weg.

Im Übrigen hat die Umweltdiskussion der letzten Jahrzehnte gezeigt[82]: Das Umweltbewusstsein ist immer dann besonders ausgeprägt, wenn einer oder gar mehrere der folgenden Effekte wirksam werden:

- Der *Jugendeffekt.* Die jüngere Generation verfügt über ein relativ hohes Umweltwissen, was allerdings nicht mit einem umweltfreundlichen Verhalten verwechselt werden darf. Jugendliche können im Einzelfall zu positiven »Anstiftern« für ihre Eltern und Großeltern (vgl. die Fridays-for-Future-Aktionen) werden.
- Der *Fraueneffekt.* Im Vergleich zu den Männern zeigen sich Frauen deutlich sensibler gegenüber Umweltproblemen. Frauen sind zum Beispiel aus Umweltgründen auch eher zu einem Autoverzicht bereit.
- Der *Nachbarschaftseffekt.* Je intensiver die Nachbarschaftskontakte sind und Menschen in soziale Netzwerke eingebunden werden, die das Ausmaß sozialer Kontrolle erhöhen, desto größer ist auch die Gefahr einer negativen Sanktionierung: Die Nachbarn üben geradezu einen sozialen Druck aus, was allerdings in anonymen Wohnvierteln weniger möglich ist.
- Der *Politikeffekt.* Eine hohe politische Orientierung führt zu einem höheren Umweltbewusstsein.

Die Bürger wollen selbst bestimmen, was umweltbewusst ist, und sich nicht zu umweltbewusstem Handeln zwingen lassen. Sie wol-

ÖKOLOGISCHER WOHLSTAND

len die Freiheit der Wahl behalten – und sich im Einzelfall auch gegen
die Umwelt entscheiden. Dies trifft insbesondere für die populärste
Form von Glück – das Reisen – zu.

Konzepte für die Mobilität von morgen:
Nahverkehrspolitik neu denken

Die Verbreitung des Autos hat das Alltagsleben in den letzten Jahrzehnten grundlegend verändert: Einkaufsmärkte verlagerten ihre
Standorte auf die grüne Wiese, die Urbanisierung hielt in ländlichen
Regionen Einzug, und die individuelle Mobilität bei der Auswahl von
Ausflugszielen nahm deutlich zu. Allerdings erwies sich die Mobili-
sierung der Massen immer mehr als Zeitfalle. Nicht Zeitgewinn, sondern eher Zeitverlust wurden eingekauft. Amerikaner kamen beispielsweise im Stadtverkehr auf eine Durchschnittsgeschwindigkeit
von 43 km/h, Europäer auf etwa 30 km/h, und die Bevölkerung in To-
kio musste sich mit einer Geschwindigkeit von 21 Stundenkilome-
tern zufriedengeben – gerade einmal 6 km/h mehr als zur Postkut-
schenzeit. Bei rund achtzig Lebensjahren verbringen die Deutschen
über drei Jahre im Auto in Staus, davon allein viereinhalb Monate vor
roten Ampeln.[83] Auf den qualitativen Sprung im Denken der Autofahrer und Verkehrspolitiker wird man noch lange warten müssen.
Zu stark und elementar ist das mobile Bedürfnis der Menschen bzw.
der Symbolcharakter des Automobils als Erlebnismobil. Das Autofahren hält mobil: Als alt gilt man in Zukunft vielleicht erst, wenn
man nicht mehr Auto fahren kann oder will …

Damit die Zukunft der Mobilität nicht in Feinstaubbelastung und
Verkehrsinfarkt endet, bietet sich als Problemlösung nur das Wohl-
oder-übel-Mobilitätskonzept an: weiter Autoverkehr – aber weniger
und anders. Weniger Mobilität mit dem Auto ist in Zukunft möglich,
wenn es gelingt, attraktive wohnungsnahe Angebote (»vor der Haustür« oder »um die Ecke«) zu schaffen und mehr andere Verkehrsmit-

tel in Anspruch zu nehmen (Bahn, ÖPNV, Fahrrad, zu Fuß). Ansonsten richten sich alle Hoffnungen auf umweltverträglichere Techniken und Treibstoffe sowie auf neue Organisations- und Techniksysteme vom Carsharing bis zum Auto auf Schienen.

E- oder Hybrid-Auto statt SUV, Photovoltaik-Anlage statt Heizen mit Öl und Gas, vegane und vegetarische Kost vom Bioladen statt Steaks vom Fleischer oder Discounter, Urlaub in Deutschland statt Flugreise in die Türkei: So könnte die ganz persönliche Ökobilanz aussehen. Wer will, wer kann sich einen solchen klimaneutralen Lebensstil schon leisten? Vor allem: Wie lange halten die spontane Begeisterung für umweltbewusstes Verhalten und das existenzielle Interesse an einem wirksamen Klimaschutz an?

Werden in Zukunft Taxi-Nutzer in Passagierdrohnen die Staus in den Städten überfliegen? Die batteriebetriebenen Taxis sollen aus der Ferne gesteuert werden. Nein – die meisten Menschen werden dieses anonyme Bewegtwerden ablehnen, weil sie sich selbst darin nicht mehr erkennen und ihre Selbstbestimmung zu verlieren drohen. Kurz: Flugtaxis werden auch in Zukunft keine Alternative zur massenhaften Automobilität sein können – von den Kosten einmal ganz abgesehen.

Für den Feierabend-, Wochenend- und Ferienverkehr kommt eher ein speziell ausgerichtetes Transfersystem zum Zuge, das flexibel auf wetterabhängige Lebensgewohnheiten reagiert: Neben einem Taktfahrplan mit kurzen Intervallen (Shuttle-System) werden Bedarfsbusse eingeplant. (Beispiel: Der Bus fährt los, wenn der Wagen besetzt ist.) Wenn das Umsteigen auf öffentliche Verkehrsmittel breitenwirksam erfolgen soll, darf es nicht mit gravierenden Zeitverlusten, mit unzumutbaren Belastungen (wie mehrfaches Umsteigen) oder mit substanziellen Einschränkungen der persönlichen Bewegungsfreiheit verbunden sein (»Hab schon mal überlegt, das Auto stehen zu lassen. Aber das ist so furchtbar umständlich. Bis ich da im Wald bin – da kann ich gleich wieder umkehren«).

Schnell, bequem und preiswert müssen die Hauptattribute des öffentlichen Nahverkehrs werden – andernfalls nimmt die Motorisierung durch Privat-Pkw weiter zu. Mit Billigfahrscheinen (»49-Euro-Ticket«) allein ist es nicht getan. Auch ein Nulltarif, der Zeit kostet und Unbequemlichkeiten beschert, ist keine Alternative für die Pkw-Mobilität. Über einen »Service von der Haustür an« muss ernsthaft nachgedacht werden, sonst rückt der Nahverkehr in weite Ferne.

Die Schaffung eines flächendeckenden Verbundsystems von Bus und Bahn in Verbindung mit einer Frequenzverdichtung (also häufigeren Abfahrtszeiten) ist das Zukunftsgebot. Die Mobilität der Menschen wird erst dann umweltfreundlicher, wenn sie weder mit einem spürbaren Verlust an Zeit noch mit großem Komfortverzicht verbunden ist. Wenn Umweltfreundlichkeit preisgünstiger (»billig«) ist oder man dafür auch noch bezahlt wird (Beispiel: Steuervergünstigung für umweltfreundliche Autos), dann ist allerdings die Bereitschaft zur Mobilitätsänderung besonders groß.

Über lebenswerte Alternativen zum Auto muss ernsthafter nachgedacht werden: Werden beispielsweise autofreie Stadtbereiche positiv erlebt, dann kann es zu einer Verschiebung der Identifikation kommen – zu einer Identifikation mehr mit dem eigenen Lebensraum und weniger mit dem eigenen Auto. Autofreie Inseln in der Stadt würden so unmittelbar erfahrbare Lebensqualität bedeuten. Dies könnte die beste Werbung für ein neues Lebensgefühl (statt gegen das Auto) sein. Die Lustkomponente des Lebens bliebe erhalten. Und die Verteufelung der Mobilität wäre entbehrlich. In der Nahverkehrspolitik muss grundsätzlich ein neuer Ansatz gefunden werden. Denn an Wochenenden ist der öffentliche Verkehr bisher oft so »ausgedünnt«, dass es unmöglich ist, Verwandte und Bekannte im städtischen Umland zu besuchen. Ohne Auto erscheint vielen ein »schönes Leben« kaum möglich – aber ein temporäres Leben ohne Auto bleibt erstrebenswert.

Müssen wir in Zukunft wieder mehr das Laufen lernen? Mit intelligenteren und sauberern Autos (Elektroautos, automatische Parkierungssysteme und anderem) allein ist es dann nicht mehr getan. Als Radikalkur empfehlen sich die Förderung und der Ausbau sanfter Technologien: die Reduzierung des Autoverkehrs im Umweltverbund mit Fußgängern, Radfahrern und öffentlichem Nahverkehr.

Umweltbewusst leben:
Vom Umweltdenken zur ökologischen Lebensweise

Die Mensch-Umwelt-Beziehungen müssen neu geregelt, vielleicht sogar »gemanagt« werden – durch ein Ökologiemanagement, um einem Paradigmenwechsel zum Durchbruch zu verhelfen.[84] Gemeint ist ein Wandel

* von der Bedrohung Umweltschutz zur Chance Ökologie, der auch ökonomisch sinnvoll und ertragreich ist
* von der Ökologie-Intervention zum ökologieorientierten Lernen, weil die neue Beziehungsqualität Mensch/Umwelt nur begrenzt »angeordnet« werden kann, vielmehr selbst entdeckt werden muss
* von der Umwelt-Aktion zu integrativen Umwelt-Konzepten, die auf Langzeitwirkung angelegt sind und einen tief gehenden Wandel in den Einstellungen bewirken können.

Seit der Jahrtausendwende werde ich nicht müde, nachhaltige Entwicklung im Sinne von persönlicher Verhaltensänderung anzumahnen und mich ständig zwischen Konflikten und Konzepten in der Umweltfrage zu bewegen. Nachhaltige Entwicklung kann nicht nur ein utopisches Leitbild bleiben. 1999 machte ich in der Buchveröffentlichung *Umwelt. Freizeit. Mobilität* erstmals darauf aufmerksam, dass wir auf dem Weg zur Nachhaltigkeit bestimmte und bewährte Regeln[85] beachten und einhalten müssen. Dazu gehören:

- Die Abbauregel: Es darf nur die Menge an regenerativen Ressourcen abgebaut werden, die wieder nachwächst.
- Die Substitutionsregel: Die Nutzung von nicht-regenerativen Quellen muss in gleichem Umfang durch regenerative ersetzt werden.
- Die Assimilationsregel: Es darf nur die Menge von Schadstoffen an Natur und Landschaft (Ökosysteme) abgegeben werden, die diese auch verarbeiten können.
- Die Erhaltungsregel: Die Qualität der Ökosysteme muss gewahrt und erhalten werden.

Solche Nachhaltigkeitsregeln gilt es wirksam durchzusetzen.

Nachhaltigkeit hat immer eine ökonomische, ökologische und soziale Dimension. Nachhaltig heißt ökonomisch: die Zinsen nutzen, ohne das Kapital anzutasten. Nachhaltig heißt ökologisch: nur so viele natürliche Ressourcen nutzen, wie gleichzeitig auch wieder nachwachsen können. Nachhaltig heißt sozial: die Bedürfnisse der heutigen Generation befriedigen, ohne die Bedürfnisse künftiger Generationen zu beeinträchtigen. Unbestritten ist die Idee der Nachhaltigkeit mit einem nicht unbeträchtlichen Utopiegehalt versehen: Einer Utopie muss man immer auf der Spur bleiben und sich ihr annähern versuchen, damit sie eine konkrete und realisierbare Utopie bleibt.

Auch ein zukunftsfähiger Verkehr (»sustainable traffic«) muss keine Utopie bleiben, wenn die Prinzipien für die Mobilität von morgen[86] berücksichtigt werden:

- Jeder Verkehr soll mit dem Fortbewegungsmittel bewältigt werden, das ökologisch und ökonomisch am effizientesten arbeitet.
- Um das Gesamtsystem Verkehr ökologisch zu verbessern, müssen seine Träger – Fluglinien, Eisenbahnen, Automobilhersteller, Kommunen und Länder – in einem Mobilitätsverbund eng zusammenarbeiten.

- Notwendig ist eine Effizienzrevolution, wie sie der Bericht »Faktor vier« an den Club of Rome beschreibt: Verkehr mit drastisch vermindertem Einsatz an Energie bewältigen. Die Ressourcen und das Klima zu schonen, stellt die beste Lebensqualitätsgarantie für kommende Generationen dar.
- Der Club of Rome fordert darüber hinaus eine Lebensstiländerung: neue Lebensstile, die den Zwang zur Mobilität reduzieren. Nach dieser Vorstellung sollen die Menschen seltener mobil sein – dafür aber bewusster.

Auch in Zukunft gilt: Mobilität ist bewegtes Leben und bleibt ein Lebensprinzip.

Klimaschutz zur Herzenssache machen:
Die emotionale Verankerung ist unverzichtbar

Klimaforschung und Zukunftsforschung haben eines gemeinsam: Subjektiv haben sie immer öfter das Gefühl, es ist schon fünf nach zwölf. Countdown-Stimmungen machen sich breit. Klimaforscher Mojib Latif resümiert zu Recht: »Unsere Zeit läuft ab – was wir der Klimakatastrophe noch entgegensetzen können.«[87] Das Problem der Klimaforschung aber besteht darin, dass sie fast immer nur Schreckensszenarien kommuniziert und keine positiven Zukunftsbilder entwirft. Die Folgen bleiben nicht aus: Die Menschen empfinden die Forderung nach Nachhaltigkeit als einen Angriff auf ihren persönlichen Lebensstil. Es mangelt emotional an positiven Botschaften.

Die in umweltdidaktischer Absicht propagierte Gleichung »Mehr Information = besseres Umweltverhalten« ging in Deutschland bisher nicht auf. Mittlerweile muss sich die Politik immer öfter die Frage stellen, ob es überhaupt noch Sinn macht, das Umweltbewusstsein weiter steigern zu wollen, wenn von vornherein klar ist, dass aus einem »hohen« Umweltbewusstsein nicht ein »entsprechend« ökolo-

gisch angemessenes Verhalten folgt. Umweltbewegung und Umweltdiskussion müssen ihren »blinden Fleck« aufgeben und zur Kenntnis nehmen, dass mit aufklärenden und belehrenden Appellen allein
kaum Verhaltensänderungen zu erwarten sind.

Zwölf Monate lang (Juli 1992 bis Juni 1993) begleitete ich im Rahmen
eines Forschungsprojekts des damaligen BAT Freizeit-Forschungsinstituts wissenschaftlich einen ungewöhnlichen Autotest: 500 Autofahrer führten ein Bordbuch und standen für regelmäßige Interviews
zur Verfügung. Dabei handelte es sich nicht um eine übliche Repräsentativumfrage, sondern um eine Datenerhebung, die in der empiri-
schen Sozialforschung »Panel« genannt wird. Damit war es möglich,
von denselben Personen zu verschiedenen Zeitpunkten Antworten
zu denselben Fragen zu bekommen. Auf diese Weise ließen sich Verhaltensänderungen im Zeitablauf präzise erfassen.[88] (Auto-)Mobili-
tät ist zum Symbol persönlicher Freiheit und Unabhängigkeit geworden, die die meisten Nutzer freiwillig nicht aufgeben wollen. Meine
Forschungsstudien belegten dies. Zwei Ergebnisse waren vor dreißig
Jahren bemerkenswert – und sind es wohl heute noch:

1. **Die Deutschen haben eine besondere emotionale Beziehung
   zum Auto**
   In der Einstellung zum Auto und zur massenhaften Automobilität
   hat sich bei den Deutschen in den letzten Jahrzehnten wenig bewegt. Daher gilt weiterhin: Das Auto ist für die Deutschen Trans-
   port-, Genuss- und Kommunikationsmittel zugleich. Es garantiert
   räumliche, zeitliche und soziale Unabhängigkeit, bereitet Vergnügen und wirkt als Kommunikationsmedium, durch das man anderen etwas mitteilen kann. Viele Autofahrer haben zu ihrem Mobil
   eine besondere Beziehung. Schließlich werden nicht selten beim
   Erwerb einer bestimmten Automarke auch besondere Persönlichkeitseigenschaften »mitgekauft«. Das Auto symbolisiert ein Stück
   Privatheit (»Ich bin das Auto« – »My car is my castle«). Eine Beschä-

digung des Autos kann schnell als Bedrohung der Person empfunden werden.

2. **Autofahrer sind Gefangene ihrer eingefahrenen Gewohnheiten**
   Autofahrer halten an ihrem persönlichen Zeitschema fest – auch wenn andere zur selben Zeit das Gleiche tun. So geraten sie in die selbst geschaffene Zeit-Falle, bei der sie zur selben Zeit aus demselben Grund am selben Ort sind. Antizyklisches Autofahren würde idealiter bedeuten:
   - Werktags um 9.00 Uhr zur Arbeit und um 18.00/19.00 Uhr wieder nach Hause fahren
   - Samstags um 9.00 Uhr zum Shopping gehen und die Rückfahrt für 11.00 oder 13.00 Uhr einplanen
   - Sonntags um 13.00 Uhr losfahren und um 16.00 oder 20.00 Uhr zurückfahren.

Nicht die Anzahl der Autos erscheint als das ökologische Hauptproblem, sondern die Gleichzeitigkeit des Autofahrens, die Konzentrationen und Überlastungen des Straßenverkehrs heraufbeschwört. Die eingefahrenen Gewohnheiten wirken wie ein Korsett aus Eisen, das nur schwer zu sprengen ist. Die Autofahrer können einfach nicht aus ihrer Haut. Für sie gilt bisher: »Dabeihaben ist alles.« Auch eine Erklärung dafür, warum Autofahrer kaum oder gar keine öffentlichen Verkehrsmittel benutzen wollen. Mit dem Surfbrett in die S-Bahn? Mit dem Snowboard in den Bus? Und mit der Taucherausrüstung umsteigen? Das ist kein Fahrvergnügen. So gesehen konnte auch 2022 die Einführung eines 9-Euro-Tickets keine Mobilitätswende bewirken, erwies sich eher als Flop für den Klimaschutz: Aus Gewohnheit halten die Autofahrer an ihrem Automobil als Egomobil fest. Trotz 9-Euro-Ticket und hoher Benzinpreise waren tagsüber in Großstädten wie Hamburg oder Leipzig fast genauso viele Autos auf den Straßen. Die meisten Autofahrer sind Gewohnheitsfahrer und wollen keine Klimaretter sein.[89] Die Freude am Autofahren ist ungebrochen. Daran wird sich auch in naher Zukunft nichts ändern.

In Zukunft müssen mehr als bisher Erkenntnisse der Umweltpsychologie in die Umweltdiskussion einfließen. Versuche, das Verhalten in Richtung auf mehr Umweltschutz zu beeinflussen, dürfen sich nicht nur auf die Vermittlung von Wissen und die Veränderung der Einstellung beschränken. Genauso wichtig ist, wie bereits angedeutet, die Schaffung von Anreizen für umweltgerechtes Verhalten.[90] Verhaltensänderungen lassen sich erfolgreich über eine positive Motivation erreichen und kaum über Gewissensappelle. In Zukunft wird die Verkehrspsychologie genauso wichtig sein wie die Verkehrsplanung. Nicht die nüchterne Kalkulation von Zeit- und Kostenaufwand entscheidet dann über einen möglichen Aus- und Umstieg, sondern die unmittelbare Ansprache der eigenen Motivation, wozu auch das Erleben von Freiheit, Unabhängigkeit und Prestige gehört.

Auf die traditionelle Praxis des »Käseglocken-Naturschutzes« können wir in Zukunft getrost verzichten: Wir wollen im Einklang mit Natur und Umwelt leben und nicht aus der Natur und der Umwelt ausgeschlossen werden. Wenn die ökologische Zukunftsvision gelingen soll, müssen wir uns vom »Feindbild Umwelt« verabschieden. Im Interesse der nachkommenden Generationen müssen wir unser Leben wieder auf Grundsätzen aufbauen, die die Erhaltung von Natur und Landschaft als Leitwert für unser Handeln anerkennen. Wir brauchen ein ökologisches Lebensweisenkonzept, das sich an selbstverantwortliche Menschen richtet, die ihre Lebensweise im eigenen und im Interesse der nachfolgenden Generationen ändern. Umweltbewusstes Handeln muss ebenso rational wie emotional verankert sein und »zur guten Gewohnheit« im Alltag werden. Lebensgewohnheiten und Lebensbedingungen gehören zusammen. Sie müssen auch zusammen verändert werden.

INDIVIDUELLER WOHLSTAND

**Für eine bessere Lebensqualität
Gesund und ohne Zukunftsängste leben**

*Lebensqualität zählt zu den höchsten Werten
einer Gesellschaft*
*»Gesellschaft und Politik sollten keinen Wohlstandsgraben
zwischen Minder- und Mehrheiten aufkommen lassen und
spürbar ungleiche Verteilungen von Lebensqualität in einer
Gesellschaft systematisch abbauen. Zufrieden- und Glücklichsein sind nur andere Umschreibungen für Lebensqualität in
Partnerschaft, Familie und Freundeskreis, eine berufliche
Arbeit haben, die Spaß macht, und natürlich viel freie Zeit
zum Leben und Erleben.«*[91]

Das Wunschbild von Ruhe und Geborgenheit:
Die nahe Zukunft ist angstbesetzt

Hatten Politik und Wirtschaft bisher einen blinden Fleck? Die Gleichzeitigkeit globaler Krisen hatten sie nicht auf ihrer Rechnung: Kriege. Krisen. Naturkatastrophen. Ein wachsendes Gefühl der Verunsicherung auf breiter Ebene war die Folge: Nichts ist jetzt mehr sicher. Die Sehnsucht nach einem sicheren Hafen wächst. Die nahe Zukunft ist angstbesetzt. Die Stabilität ist infrage gestellt. Alles ist in Bewegung – die Märkte und die Menschen auch. Quo vadis, Deutschland und Europa, Wirtschaft, Politik und Gesellschaft? Selbst auf dem Kapitalmarkt gilt mittlerweile: Sicherheit statt Rendite – so groß ist die Verunsicherung bzw. die Angst vor Inflation. Gefragt sind sichere Geldanlagen, deren Zinsen wenigstens die Inflation ausgleichen helfen. Viele nehmen lieber reale Verluste hin, als von riskanten Renditechancen Gebrauch zu machen. Die Schuldenkrise macht die Menschen risikoscheu.

Die Unsicherheiten des Lebens hängen wie ein Damoklesschwert über den Köpfen der Menschen. Werden wir geradezu sicherheitshörig, und sind wir bereit, vieles dafür zu opfern? Dafür spricht die folgenschwere Aussage: »In Krisenzeiten ist die Sicherheit wichtiger als der Klimaschutz«, sagen zwei Drittel der 14- bis 24-jährigen Jugendlichen 2022: 66 Prozent – Gesamtbevölkerung: 78 Prozent. Der psychische Druck von Ungewissheit und Verunsicherung lässt andere Überzeugungen wie zum Beispiel den Klimawandel als größten Risikofaktor in den Hintergrund treten.

Das Problem des Klimawandels ist eine Jahrhundertaufgabe. Für diesen langwierigen Prozess kann nicht einfach die Verpflichtung zur Generationengerechtigkeit aufgegeben werden. So sieht es auch die Bevölkerung:

> »Für die junge Generation wird es in Zukunft schwieriger,
> ebenso abgesichert und im Wohlstand zu leben
> wie die Elterngeneration heute.«
> *(2014: 67 Prozent –*
> *2021: 81 Prozent –*
> *2023: 84 Prozent)*

Muss sich die ältere Generation schuldig fühlen? Hat sie zu lange zulasten der nachkommenden Generation gelebt? 89 Prozent der 50plus-Generation glauben derzeit nicht mehr an ein besseres Leben der nächsten Generation. Für sie gilt nach wie vor: Wer Schulden macht, macht sich schuldig. Eine problematische Zukunftsperspektive wartet auf die nächste Generation, die eigentlich eine wohlhabende Erbengeneration werden sollte …

Auch ohne Coronakrise und Ukrainekrieg hat Deutschland seit Jahren über seine Verhältnisse gelebt. In guten Zeiten machte Deutschland Schulden – und zahlte diese nicht zurück. In den Jahren 2006 bis 2008 hatte beispielsweise das Bundesfinanzministerium in Deutschland 100 Milliarden Euro mehr Steuereinnahmen erzielt als je errechnet, prognostiziert oder erträumt. Statt damit Schulden abzubauen, wurde der unerwartete Steuersegen gleich wieder ausgegeben – von der Erhöhung des Kindergeldes bis zur Rentenerhöhung.

Vor über einem Jahrzehnt entwickelte ich einen »Deutschlandplan« und warnte davor: »Der größte Schuldenberg der Nachkriegsgeschichte türmt sich auf. Die Generation von morgen wird eine solche Gesellschaft auf Pump nicht länger widerspruchslos hinnehmen wollen.«[92] Droht aus der Staatsverschuldung ein Schuldenstaat zu werden, der zugunsten der Lebenden und zulasten der Nachgeborenen lebt und handelt?

Muss sich die junge Generation als vergessene, verlorene oder betrogene Generation fühlen, weil ihr das Ausleben von Jugendlichkeit in den Krisenjahren seit 2020 weitgehend verwehrt blieb? Das Urteil der Jugend im Krisenjahr 2022 dazu ist eindeutig: 92 Prozent (!) der

14- bis 24-Jährigen machen sich als Betroffene Sorgen über individuelle Langzeitfolgen der Krise. Sie fordern gesellschaftliche Verant-
wortlichkeiten ein:

> »Wir müssen uns mehr Gedanken darüber machen,
> wie sich die Kontakteinschränkungen während der Pandemie
> auf die psychische Gesundheit und das soziale Wohlergehen
> bei Kindern und Jugendlichen auswirken.«
> *(Gesamtbevölkerung: 88 Prozent –*
> *14 bis 24 Jahre: 92 Prozent)*

Solidarisch unterstützt wird die junge Generation bei diesem be-
rechtigten Anliegen von der Gesamtbevölkerung (88 Prozent) – von
den Männern genauso wie von den Frauen (je 88 Prozent). Verlorene Lebenszeit lässt sich sicher nicht ersetzen. Dennoch sollte sich
die Erwachsenengeneration über Versäumnisse, Entbehrungen und
Vernachlässigungen der Jugend Gedanken machen, wie sie das Versprechen einlösen kann: Der nächsten Generation darf es nicht
schlechter gehen.

In Kriegs- und Krisenzeiten entlässt die Gesellschaft ihre Kinder
in eine relativ unsichere Zukunft. Die Verunsicherung der Bevölkerung nimmt auf breiter Ebene zu. Die Menschen bangen um ihren
sicheren Arbeitsplatz, ihr sicheres Einkommen, ihre sichere Rente
und ihre sichere Zukunft. Die Verunsicherung der Bevölkerung ist
dabei nicht nur eine Geld- und Einkommensfrage, sondern auch
eine Verteilungs- und Gerechtigkeitsfrage, die insbesondere die Bevölkerung im ländlichen Raum zu spüren bekommt. Während die
meisten Menschen in Großstädten und Ballungszentren noch relativ gut versorgt sind, müssen viele Landbewohner um das zum
Leben Notwendige kämpfen – um ihre Grundversorgung vom Le-
bensmitteleinkauf über Bildungs- und Kulturangebote bis zur medi-
zinischen Betreuung.

Über die regionale Verteilung von Wohlstand und Lebensqualität
muss in Deutschland neu entschieden werden. Sonst endet der na-

tionale Wettbewerb »Unser Dorf hat Zukunft« im Abgesang »Unser Dorf stirbt aus«, weil Läden und Gaststätten, Schulen und Schwimmbäder schließen, der öffentliche Nahverkehr ausgedünnt wird und die ärztliche Versorgung nur noch im Notfall stattfindet. Wer dennoch bleibt, lebt wegen sinkender Lebensqualität immer öfter am Leben vorbei – und nicht mitten im Leben.

Als Reaktion auf derart unruhig bewegte Zeiten entsteht bei den Menschen ein Wunschbild von Ruhe und Geborgenheit – beinahe eine neue Bürgerlichkeit mit Zügen einer Biedermeier-Kultur sowie fast antizivilisatorischen Stimmungen und Strömungen mit Ausdrucksformen einer Flucht in den Privatismus und in das ganz persönliche Glück. Die Menschen gehen auf die Suche nach Sicherheit, Geborgenheit und innerem Frieden. Damit verbunden ist eine Besinnung auf beständige Werte. Ein Rückzug in die Familie und die eigenen vier Wände – wie zur Zeit des Golfkriegs 1991, als die Amerikaner plötzlich »Back to the simply life« riefen und »Cocooning« entdeckten – in Anlehnung an den Kokon, der Schutzhülle, mit der sich die Raupe des Seidenspinner-Schmetterlings von der Außenwelt abschirmt.

In unruhigen Zeiten richten sich die Menschen auf eine neue Häuslichkeit ein, auf das Zuhausesein im Vertrauten. Immer mehr besinnen sich auf die Familie und die eigenen vier Wände als Horte der Stabilität. Die Menschen wollen mit der Welt ins Reine kommen und gehen auf die Suche nach dem inneren Frieden. Das kann auch eine Neubesinnung auf das Beständige sein, was dem Leben einen Sinn gibt. Mehr Ernsthaftigkeit als Oberflächlichkeit, mehr Ruhe als Betriebsamkeit. Das Privatleben wird wieder wichtiger. Zur Ruhe kommen, in Ruhe gelassen werden und sich in Ruhe pflegen deuten auf einen Einstellungswandel hin, der Wohnen und Wohnumfeld stärker in das Zentrum der persönlichen Lebensqualität rückt.

Wie wird die wachsende Sehnsucht nach sozialer Geborgenheit Alltag und Leben verändern, wenn sich dieser Einstellungswandel stabilisiert?

- Die Familie wird mehr zum sozialen Lebensmittelpunkt. Zusammensein und Zusammenleben in und mit der Familie werden bewusst gesucht. Man nimmt sich mehr Zeit füreinander.

- Das Miteinander-Reden und -Diskutieren, -Unterhalten und -Erzählen sowie ernsthafte Gespräche und Aussprachen gewinnen an Bedeutung – im kleinen Kreis der Familie und Freunde. Die »schönen Abende« zählen.

- Die Entspannung wird zu einem zentralen Lebensbedürfnis. Sicher und ungestört, stressfrei und friedlich werden Feierabend und Wochenende erlebt und Musikhören und Lesen als beruhigende Beschäftigungen wiederentdeckt.

- Die Wohnung vermittelt ein Nähe-, Nest- und Heimatgefühl: »Hier bin ich zu Hause«, und »Hier fühle ich mich geborgen«. Es wird Wert auf Gemütlichkeit und eine behagliche Atmosphäre gelegt – durchaus als Gegenbewegung und Kontrast zu Lifestyle, Mainstream und Postmoderne. Die Wohnung wird Boxenstopp und Rückzugsnische zugleich, die den Alltagsstress und -lärm von draußen abschirmt.

- Familienorientierung und Wohnatmosphäre machen Prestige- und Statussymbole entbehrlicher. Im Zentrum steht mehr das eigene Wohlgefühl zwischen Wellbeing und Wohlbefinden.

- Der Rückzug ins Private hat allerdings auch seine sozialen Schattenseiten: Wenn Wohnung und Wohnumfeld als Ankerplatz für das Ich und als Naherholungsgebiet für die Familie das Rückzugs- und Separierungsbedürfnis zu sehr betonen und zur Isolierzelle werden, droht die Kommunikation nach draußen und im sozialen Umfeld zu kurz zu kommen.

Wie bereits dargelegt, tritt in Dauerkrisenzeiten die Notwendigkeit des sozialen Zusammenhalts besonders zutage, das Engagement der Bürger und die Freiwilligenarbeit sind gefragt. Kündigt sich eine Periode der Erneuerung an, die mit einer Werte-Erneuerung einhergeht? Diese Werteorientierung gleicht einer Balance von Pflicht- und

Sozialwerten, in der das Individuum sich wohlfühlt und keine soziale Kälte fürchten muss. Die Frage ist allerdings: Wie weit ist noch der Weg von der individuellen Werteorientierung zum allgemeingesellschaftlichen Wertewandel, vom individuell ausbalancierten Lebenskonzept zur sozial ausbalancierten Gesellschaft? Werden sich nicht Märkte und Institutionen gegen Rückzug in die eigenen vier Wände (»Cocooning«) wehren und Offenheit, Beliebigkeit und Unverbindlichkeit weiter beibehalten wollen?

Damit die Miteinander-Identität zwischen Märkten und Menschen gelingt, wird man sich vielleicht auf die Formel »In Vielfalt geeint« verständigen, sodass alle zu ihrem Recht kommen – frei nach einem Wort des Schriftstellers Hans Magnus Enzensberger, wonach es beispielsweise »sieben Italien geben soll«: ein Italien der Konservativen und eines der Fortschrittlichen, ein archaisches und ein puritanisches, ein konsumorientiertes Italien, ein Italien im Blaumann und ein Italien der Zukunft.[93] Ein solches widersprüchlich erscheinendes Gesellschaftsgemälde trifft auch für die gegenwärtige Situation in Deutschland zu. Zum »typisch Deutschen« gehört die Abgrenzung zwischen Preußen und Bayern ebenso dazu wie zwischen Ost- und Westdeutschen oder Jungen und Alten. Vive la différence! Pflichtbewusste und Freiheitsliebende, Fortschrittliche und Verunsicherte prägen das Werteklima der nächsten Zeit.

Gesundheit gilt als höchstes Gut:
Der Megamarkt der Zukunft

Nach der weit gefassten Definition der Weltgesundheitsorganisation ist Gesundheit ein Zustand vollkommenen körperlichen, geistigen und sozialen Wohlbefindens und nicht allein das Fehlen von Krankheit und Gebrechen. In Krisenzeiten muss jetzt jeder und jede mehr für das eigene Wohlergehen tun, also körperlich und seelisch, geistig und sozial fit bleiben, um im Leben bestehen zu können.

In der Vor-Krisen-Zeit hielten knapp drei Viertel der Bevölkerung die Gesundheit für einen besonders hohen Wert. Doch während der Pandemie schnellte der Wert plötzlich nach oben. Mit 90 Prozent Zustimmung wird 2022 die Gesundheit als das höchste Gut im Leben eingeschätzt (Frauen: 91 Prozent – Männer: 88 Prozent). Für die ältere Generation (50plus: 92 Prozent – 80plus: 97 Prozent) ist Gesundheit fast das gesamte Leben selbst. Eine Werteexplosion! Weder Wachstum und Wohlstand noch Geld und Güter oder Medien und Konsum erreichen diesen Spitzenwert. Das Votum der Bevölkerung ist klar und eindeutig: »Ohne Gesundheit ist fast alles nichts wert.«

Corona hat die Einstellung der Menschen grundlegend und nachhaltig verändert. Die Gesundheitsorientierung des Lebens löst die bisher dominante Konsumhaltung ab. Gesünder leben können – »das« wird das wichtigste Lebensziel und »die« Herausforderung für die Gesellschaft und die Zukunftsmedizin. Gesundheit wird zum neuen Statussymbol. Infolgedessen wird der Systemcharakter des Gesundheitswesens immer bedeutsamer. Das Gesundheitsministerium kann so wichtig wie das Wirtschaftsministerium werden. Die Entdeckung des Megamarkts Gesundheit hat gerade erst begonnen.

Oder bewahrheitet sich eine Aussage des französischen Philosophen Voltaire, wonach wir in der ersten Hälfte unseres Lebens die Gesundheit opfern, um Geld zu erwerben, und in der zweiten Hälfte unser Geld opfern, um die Gesundheit wiederzuerlangen? Nein, die Gesundheitsversorgung wird in Zukunft so wichtig wie die finanzielle Sicherheit. »Gut leben« heißt dann auch, sich eine gute medizinische Versorgung leisten können. Die Coronakrise hat nach Meinung der Bevölkerung gezeigt, wie »wichtig und systemrelevant eine gute medizinische Versorgung und eine forschungsstarke Pharmaindustrie im eigenen Land sind« (91 Prozent).

Der schier unaufhaltsame Aufstieg der Gesundheitsorientierung des Lebens verändert unsere Lebensprioritäten. Die Frage ist schon berechtigt: Bekommt die Gesundheit bald Religionscharakter? Das Gesundheitswesen nimmt beinahe die Form einer Kirche an.[94] Wird

Gesundheit zum Synonym für Glückseligkeit? Die Achtung, ja, die Hochachtung vor der eigenen Gesundheit wird immer bedeutsamer. Gesundheit meint dabei aber mehr als nur körperliche Fitness: Es geht im wahrsten Sinn des Wortes um das Wohlfühlen in der eigenen Haut.

In die Zukunft projiziert: Glück und Zufriedenheit im Leben fangen mit der persönlichen Gesundheit an. Alles zielt auf persönliches Wohlergehen. Gesundheit wird zu einem neuen Statussymbol. Die Hochachtung vor der Gesundheit verstärkt den Systemcharakter des Gesundheitswesens. Die Gesundheit wird zum Megamarkt der Zukunft. In der immer älter werdenden Gesellschaft boomen dann Bio- und Gentechnologien, Pharmaforschung und Forschungsindustrien gegen Krebs, Alzheimer und Demenz sowie gesundheitsnahe Branchen, die Care, Vitalität und Revitalisierung anbieten. Die Gesundheitsvorsorge ist so bedeutsam wie die finanzielle Sicherheit. Deshalb steigen Internetkonzerne verstärkt ins Gesundheitsgeschäft (E-Health) ein – mit Pulsuhren und Schlaftrackern, elektronischen Gesundheitsakten und virtuellen Arztbesuchen. Leitbild ist der mündige Patient auf Augenhöhe mit den Ärzten. Brauchen wir bald ein eigenes Gesetz für bezahlbare Gesundheitsvorsorge, das vor der Kostenexplosion bei der Abspeicherung von Notfalldaten schützt? Andererseits wird es genauso realistisch sein, dass sich viele Geringverdiener nicht einmal mehr neue Zähne leisten können.

Die Familie hält die Gesellschaft zusammen:
Die Wagenburg des 21. Jahrhunderts

Vertraut und verlässlich auch in Krisenzeiten: Das ist die Familie. Die Bevölkerung schwört geradezu auf das Zuhause-Sein im Vertrauten mit den Worten: »Was auch immer auf uns zukommt. Für mich ist und bleibt die Familie das Wichtigste im Leben« (OIZ 2022: 88 Prozent). Die Familie gewährt Grundgeborgenheit. Die Familie ist den

Deutschen geradezu heilig. Es gibt keinen anderen Lebensbereich, der eine so hohe Wertschätzung erfährt. Da können Arbeit und Karriere, Medien und Konsum noch so wichtig und attraktiv sein: In den anhaltend unsicheren Zeiten ist die Familie zum Anker geworden.

Die Familie steht auch in Zukunft im Zentrum des Lebens. Wer gute Kontakte zur eigenen Familie hat und pflegt, fühlt sich nachweislich wohlhabender als der, der »nur« über Eigentum verfügt. Soziales Wohlergehen kann materielle Wohlstandsdefizite abfedern und ausgleichen helfen. Zwar müssen die familiären Kontakte und Beziehungen kontinuierlich gepflegt, mitunter auch erarbeitet werden. Dafür aber schützt die Familie vor vielen Armutsrisiken des Lebens. In Zukunft wird die Familie kein Auslaufmodell sein. Familienpolitik bleibt Zukunftspolitik. Die Familie ist im positiven Sinne billig und barmherzig – das Grundmodell für gelebten Gemeinsinn.

Glücklich kann sich schätzen, wer in der Not auf einen verlässlichen Generationenzusammenhalt setzen kann. Eine überwältigende Mehrheit der deutschen Bevölkerung (OIZ 2022: 87 Prozent) hat während der Pandemie die Generationenbeziehungen von »Enkeln, Kindern, Eltern und Großeltern« positiv als »Krisenhilfe« erfahren, die »immer wichtiger wird«. Die Generationen stützen und unterstützen sich. Drei Bevölkerungsgruppen haben in der Coronakrise am meisten von den hilfreichen Generationenbeziehungen profitiert: die Frauen, die Bewohner im ländlichen Raum sowie die Familien mit Kindern. Ein privater Mehrgenerationenpakt neuer Prägung setzt Signale für eine Solidarität der Generationen – mental, sozial und auch materiell: Jung hilft Alt – Alte sparen für Junge. Die ältere Generation leistet erhebliche Geld- und Sachmittel für die jüngere Generation, die sich wiederum durch nichtmonetäre Hilfeleistungen erkenntlich zeigt – von Besorgungen und Einkaufshilfen bis zu Garten- und Hausarbeiten. Der vielfach befürchtete Generationenkonflikt findet in der Krise nicht statt.

In Krisenzeiten ist Familie mehr als nur ein Ort, »wo Kinder sind«. Über Kindheit und Jugend hinaus bewährt sich die Familie als soziale Notgemeinschaft. Für immer mehr Menschen ist die Familie während der Pandemie zur generationsübergreifenden Solidargemeinschaft geworden, in der sie füreinander sorgen und wo Sicherheit, Geborgenheit und Zusammenhalt gelebt werden können. Die junge Generation bewertet den Zusammenhalt genauso hoch wie die Eltern- und Großelterngeneration. Die Generationenbilanz während der Pandemie kann sich sehen lassen: Jung und Alt kooperieren, brauchen einander und profitieren voneinander. Dieses Füreinander-da-Sein macht selbst Freundschaften zwischen den Generationen möglich. So können Jüngere und Ältere zu Vertrauten und Verlässlichkeitspartnern werden. Und aus Beziehungsqualitäten werden Lebensqualitäten.

Andererseits, so zeigt die Erfahrung, gibt es auch zerrüttete Familien, die in Krisensituationen auf eine harte Probe gestellt werden. »Häusliche Gewalt« birgt in anhaltenden Krisenzeiten ein erhebliches Konfliktpotenzial für das Zusammenleben in Familie und Nachbarschaft.

Zum Glück zeichnet sich als positive Tendenz für die Zukunft die Mehrgenerationenfamilie an verschiedenen Orten (und nicht die Großfamilie unter einem Dach) ab. Dieser neue Familientypus bildet keinen gemeinsamen Haushalt und pflegt doch enge familiäre Beziehungen. Was bisher eine Seltenheit war, wird zur Normalität: die Mehrgenerationenfamilie. In vielen Grundschulklassen gibt es Kinder, die noch eine Urgroßmutter haben. Bei der Einschulungsfeier sitzen dann manchmal mehr Großeltern als Geschwister auf den Bänken. In Zukunft überschneiden sich die Lebenszeiten der Generationen, während sie früher aufeinander folgten. Die heutigen Generationenbeziehungen beweisen Stabilität und verlassen sich nicht nur auf die staatliche Fürsorge.

Der Generationenzusammenhalt von Enkeln, Kindern, Eltern und Großeltern hilft bei vielen Krisen. Mit der neuen Solidarität der Generationen lassen sich Krisen im Leben gut bewältigen. Die Solidargemeinschaft der Generationen wirkt wie eine verlässliche Lebensversicherung. Und sie bringt Lebenserfüllung, die unbezahlbar ist. In großem Umfang fließen Ströme an Geld, Sachmitteln und persönlichen Hilfen von den Älteren zu den Jüngeren. Die Alten sparen – für die Jungen. Über fünfundsechzigjährige Eltern leisten hohe Geldzahlungen an ihre erwachsenen Kinder – mehr als sie je von diesen zurückerhalten. Vom Generationenpakt auf privater Basis profitieren primär Generationen mit familialen Netzwerken. Alle anderen (insbesondere Singles und Kinderlose) müssen sich dagegen bemühen, dass sie im Laufe ihres Lebens verlässliche nichtverwandte soziale Netze knüpfen. Näher und ferner stehende Menschen müssen ihr Leben begleiten: sogenannte soziale Konvois im außerfamilialen Bereich, also lebenslange Begleiter bis ins hohe Alter.

Ein Ende des erwähnten »Bowling alone«-Phänomens[95] zeichnet sich ab. Die Tierwelt macht es uns schon lange vor: Wer sich um andere sorgt, lebt länger (»Caretakers live longer«). Es gibt Tierarten, bei denen die Männchen nach der Geburt die Aufzucht der Jungen übernehmen. Die Folge: Die Männchen überleben ihre Weibchen um mehr als 20 Prozent.[96] Daraus folgt im Umkehrschluss: Wer sich nicht sozial verhält, setzt sein Leben aufs Spiel. Ein starkes soziales Netz steigert nachweislich die Lebenserwartung von Menschen[97] – auch eine Erklärung dafür, warum Frauen in vielen Kulturen länger leben als Männer, weil sie sich für die Kinderbetreuung und jetzt in zunehmendem Maße auch für die Altenbetreuung hauptverantwortlich fühlen.

In die Zukunft übertragen bedeutet dies: Ältere Menschen, die sich um Kinder und Enkelkinder kümmern, verlängern ihre Lebenszeit. Noch nie in der Geschichte der Menschheit hatte die Pflege der Generationenbeziehungen über zwei oder drei Generationen hinweg eine solche existenzielle Bedeutung. Generationenbeziehungen werden wichtiger als Partnerbeziehungen. Sie weisen ein höheres Maß an Stabilität auf und halten meist ein Leben lang. In die Zukunft projiziert: Die Drei-Generationen-Familie wird zur Wagenburg des 21. Jahrhunderts.

»Die Ehe mit Trauschein und Kindern
wird auch in Zukunft das erstrebenswerteste
Lebensmodell sein.«
(2019: 66 Prozent –
2020: 67 Prozent –
2023: 65 Prozent)

Mehr Ehen? Mehr Babys? Weniger Scheidungen? Wohin entwickelt sich die deutsche Gesellschaft nach der Pandemie? Die Coronakrise hat die Lebenseinstellungen der Menschen in Deutschland verändert. Vor dem Hintergrund eigener Corona-Erfahrungen stabilisiert sich die Rückbesinnung auf die Ehe als Lebensideal: »Die Ehe mit Trauschein und Kindern wird in Zukunft das erstrebenswerteste Lebensmodell sein«, sagen 60 Prozent der 18- bis 34-Jährigen in Deutschland – wenn auch etwas zurückhaltender im Vergleich zur Elterngeneration der 25- bis 49-Jährigen (65 Prozent).

Im Kampf gegen Corona haben das über zweijährige Abstandhalten, Maskentragen und Zuhausebleiben vor allem bei der Jugend Spuren hinterlassen. Die junge Generation sehnt sich jetzt auf dem Weg in postpandemische Zeiten nach Stabilität, Sicherheit und sozialer Geborgenheit. Ein demografischer Corona-Effekt zeichnet sich in Konturen für die nahe Zukunft ab. Dafür spricht, dass es seit 2021 in Deutschland so viele Geburten gibt wie seit zwanzig Jahren nicht mehr, wie das Statistische Bundesamt in Wiesbaden nachweist. Hinzu kommt, dass es zugleich auch weniger Scheidungen in Deutschland gibt. Die junge Generation vertraut in Krisenzeiten dem alten Ideal der »Ehe mit Trauschein und Kindern«, weil es einen schützenden Sicherheitsrahmen verspricht.

Für die meisten jungen Leute ist die Ehe ein erstrebenswertes Lebensmodell für die Zukunft und kein Auslaufmodell von gestern. In anhaltend unsicheren Zeiten ist der soziale Rückhalt von Familie und Kindern subjektiv wertvoller als manche Geldanlage. Ein Leben mit Trauschein wird wie eine sichere soziale Währung empfunden, die Beliebigkeit durch Beständigkeit ersetzt. Sie gibt dem Leben Halt und der Gesellschaft Zusammenhalt. Die Ehe mit Trauschein und Kindern führt auch in naher Zukunft die Hierarchie der Lebensmodelle an. Die Ehe hat ihre Wertschätzung und ihren Leitbildcharakter für die nächste Generation nicht verloren.

Deshalb werden die ganz Jungen (die etwa 14-Jährigen) und auch die ältere Generation ausgeblendet. Wie schon zu allen Zeiten dominieren bei der älteren Generation wertkonservative Einstellungen, weshalb nach wie vor fast drei Viertel der 65plus-Generation (72 Prozent) an dem klassischen Ehemodell festhalten. Die »Gesamt«-Bevölkerung, in der die Älteren dominant sind, ist also weniger relevant. Die ermittelten Durchschnittswerte der Bevölkerung (2021: 63 Prozent Zustimmung) verfälschen die Aussagekraft.

Mir ging es in der OIZ-Erhebung zentral um die Frage: Verliert die kommende Generation die Lust an Ehe, Kindern und Familie? Die Repräsentativumfragen gelangen zu bemerkenswert stabilen Ergebnissen, weshalb von einem Funktionsverlust oder gar einem Niedergang des Ehemodells nicht die Rede sein kann. Trotz anhaltender Krise ist der Wunsch nach Kindern und Familie für die Mehrheit der jungen Generation unverändert groß. Wie sich dies faktisch auf die Anzahl von Trauungen und Geburten auswirkt, muss die nahe Zukunft entscheiden. Eine positive demografische Entwicklung ist möglich, aber in diesen unsicheren Krisenzeiten nicht präzise prognostizierbar.

Eins lässt sich sicher sagen: Der befürchtete Negativtrend »Weg von der Ehe« findet bei den meisten Jugendlichen nicht statt. Der Trauschein wird nicht mehr als Zwangsjacke empfunden. Das persönliche Interesse an Freunden, Hobbys und Urlaubsreisen ist kein Hindernis für Ehe, Kinder und Familiengründung. Und auch die Alternative »Konsum oder Kind« steht nicht im Mittelpunkt des Lebenskonzepts der nächsten Generation. Wohl aber gehört die Aussage »Und sie heirateten und waren glücklich bis ans Ende ihrer Tage« weiterhin ins Reich der Märchen und Bilderbuchvorstellungen. Ein neues Leitbild Ehe in einer künftigen Gesellschaft des langen

Lebens, in der jede(r) Zweite hundert Jahre alt werden kann, muss erst noch geschaffen werden. Alles deutet auf eine Entwicklung hin: Ein Großteil der jungen Generation traut sich wieder, sich trauen zu lassen.

Freunde und Nachbarn werden zur zweiten Familie:
Soziale Konvois als lebenslange Begleiter

In diesen unsicheren Zeiten stellt sich die Frage neu: Was macht ein Mensch ohne Familie? Die Antwort: Dafür sind Freunde und Nachbarn da. Eine große Bevölkerungsmehrheit (OIZ 2022: 83 Prozent) sagt: »Ich stehe heute schon Freunden und Nachbarn öfter für Hilfeleistungen zur Verfügung.« Insbesondere Nachbarn zeichnen sich durch Zusammenrücken und Zusammenhalten aus: Aus einem Nebeneinander wird in Not- und Krisenzeiten ein Miteinander. Nachbarn gewähren Schutz und Sicherheit und sind Helfer in der Not. Gemeinsam mit Freunden »können sie wie eine zweite Familie sein«. Zusammen agieren sie als soziale Konvois und verlässliche Wegbegleiter. Sie ermöglichen Hilfeleistungen der kurzen Wege.

Dieses erweiterte Familienverständnis verändert auch unsere Wohnwünsche. Gefragt sind in Zukunft vor allem generationsübergreifende Wohnkonzepte: Baugemeinschaften und Wohngenossenschaften. Bei den neuen Wohnkonzepten geht es auch um Alternativen zu den traditionellen Altersheimen. Nehmen wir ein aktuelles Beispiel: Acht Rentner zwischen 62 und 92 Jahren ziehen genervt aus einem Hamburger Altersheim aus und mieten – über einen Makler vermittelt – gemeinsam eine alte Villa am Ratzeburger See. Sie sparen dabei sogar noch Geld, haben endlich wieder etwas zu tun und schmieden gemeinsam Reisepläne. Sie haben sich im Altersheim kennen- und respektieren gelernt: Das Altersheim ist für sie fast zum Sprungbrett für ein neues Leben geworden.

Mehr als drei Viertel aller Neunzigjährigen werden auch 2030 noch in eigenen Wohnungen leben. Lebensgemeinschaft wird dann neu definiert: Generationsübergreifende soziale Konvois und Wahlverwandtschaften werden als lebenslange Begleiter immer wichtiger. Die traditionell »guten Freunde« allein reichen dazu nicht mehr aus, weil sie meist gleichaltrig sind und ihre Zahl im Alter zurückgeht. Hinzu kommt auch ein Comeback der »guten Nachbarn« – mit einem besonderen Nebeneffekt: Je mehr Nachbarn sich mit Vornamen kennen, desto sicherer ist die Wohngegend.

Work-Life-Balance wird Wirklichkeit:
Digitalisierungsschub in der Arbeitswelt

Die Krise verändert die Arbeitswelt nachhaltig. Homeoffice und Netzwerke »werden im Berufsleben immer wichtiger«. Zudem zwingt der durch die Coronakrise ausgelöste Digitalisierungsschub zum Umdenken und belebt die Diskussion über die Vereinbarkeit von Beruf und Familie neu. Rollenwechsel sind in der Partnerschaft gefordert. Die OIZ-Repräsentativumfrage macht 2022 klar: »Die Vereinbarkeit von Beruf und Familie muss für Frauen und Männer gleichermaßen gelten.« Erwerbstätigkeit und Familienmanagement wachsen zusammen und werden Frauen- und Männersache zugleich. Präsent und digital ergänzen sich immer mehr.

Nach der Diskussion um »menschenleere Fabriken«, welche die Sorge der Menschen um Arbeitsplatzverluste durch Automatisierung spiegelte, und »papierlose Büros« wird nun in den Unternehmen auch über »New Work« ernsthafter nachgedacht, weil insbesondere die nächste Karrieregeneration veränderte Zeit- und Qualitätsansprüche an die Arbeit stellt. »Präsent« und »Digital« sollen sich ergänzen. Selbst in der kommunalen Selbstverwaltung wird mittlerweile umgedacht und umgeplant. Rostocks ehemaliger Oberbürgermeister Madsen ging von dem Grundsatz aus: Jeder fünfte Beschäftigte kann künftig mobil arbeiten. Dies gilt sicher nicht für alle. Büroberufe und Beschäftigte mit höherer Bildung werden wohl weiter dominieren.

Die Coronakrise hat der Vereinbarkeit von Beruf und Familie einen positiven Schub versetzt: Mobiles Arbeiten ist zur neuen Flexibilität und neuen Normalität geworden – zu Hause am Esstisch oder im Garten, im Café um die Ecke oder in der S-Bahn. Mittlerweile dürfen Beamte und Angestellte der Stadt Hamburg bis zu 60 Prozent mobil arbeiten. »Mobilität« ersetzt zunehmend das Arbeiten aus dem Homeoffice. Die Hamburger Vereinbarung sieht ein Kontingent von drei Tagen vor, an denen mobil gearbeitet werden kann. Die anfallenden Arbeitsstunden können auch auf fünf Tage verteilt werden. Mobiles Arbeiten bedarf keiner besonderen Begründung mehr. Das ist ein grundlegender Kulturwandel in der Arbeitswelt, der auch die Post-Pandemie-Zeit überdauern wird. Mobilarbeit macht aus der starren Büroarbeitszeit eine Anwesenheitspflicht light, die auch noch klimafreundlich ist, weil sie für weniger Autoverkehr sorgt. Der Arbeitnehmer kann zum Zeitpionier von morgen werden. »Zeit« und »Geld« gehen eine Vernunftehe ein. Mal geht es um mehr oder weniger (Arbeits-)Zeit und mal um (Arbeits-)Einkommen. Die Individualisierung des Lebens lässt verschiedene Möglichkeiten zu.

Die Coronakrise verändert die Arbeitswelt nachhaltig – vielleicht für immer. Immer öfter werden sich flexiblere Arbeitszeit- und Arbeitsortregelungen durchsetzen. Der Verlauf der Krise hat schließlich gezeigt: Flexibel heißt auch effektiv. Immer mehr Beschäftigte werden wenigstens einen Tag in der Woche von zu Hause aus arbeiten wollen. Nicht selten wird es ein Freitag sein. Die Beschäftigten fiebern dann vielleicht dem Tag entgegen mit dem Ausspruch: »Save God, it's Friday!«

Wird nach der Krise aus dem Homeoffice-Notstand ein Zeit-Arbeits-Wohlstand? Konzentriert arbeiten können und Zeit zum Leben haben sollen kein Widerspruch mehr sein. Die überwiegende Mehrheit der Beschäftigten ist davon überzeugt: »Arbeitsgruppen,

Teams und Netzwerke werden im Berufsleben immer wichtiger« (83 Prozent), was auch bedeutet: Der durch die Coronakrise ausgelöste Digitalisierungsschub von Homeoffice und Homeschooling, Telefon- und Videokonferenzen wird das Berufs- und Alltagsleben in Zukunft verändern. Vor allem die junge Generation wird sich für den Gedanken einer sozialeren Arbeitswelt starkmachen: Aktiv, kreativ und sozialorientiert will die kommende Karrieregeneration arbeiten. Der Spaß an der Arbeit soll mit Sinn und mit Sozialem verbunden sein.

Zur Schattenseite dieses Digitalisierungsschubs gehört aber auch: Es breiten sich atypische Beschäftigungsverhältnisse aus. Mittlerweile gibt es so viele Zeitverträge wie lange nicht mehr. Gebrochene Erwerbsbiografien werden Normalität: Fulltime-Jobs, Elternzeit, Teilzeitarbeit, Homeoffice, Kurzarbeit, Arbeitslosigkeit, Pflegezeit, zweite Karriere, Berufswechsel und Rente mit 63, 65 oder 70. Das wird Wirklichkeit. Die vielen Job- und Berufswechsel werden die Familien und insbesondere die Frauen am meisten zu spüren bekommen, die einen Rückfall in alte Rollenmuster zwischen Haushalt und Kindererziehung befürchten.

Ehrlichkeit führt die Wertehierarchie an:
Leben in der Verantwortungsgesellschaft

Die unsicheren Zeiten lösen eine Werte- und Vertrauenskrise aus. Wer kann wem noch trauen? Ehrlichkeit führt derzeit die Rangliste in der Werteskala der Deutschen an: Sie ist der wichtigste Wert im Leben der Bevölkerung geworden. In Zeiten von Fake News, Hass und Hetze erfährt der ehrliche Umgang miteinander einen außergewöhnlichen Bedeutungszuwachs. Ehrlichkeit wird zur neuen Währung im Zusammenleben. »Vertrauen, Verantwortung und Verlässlichkeit zwischen den Menschen« sind das Fundament dafür und »halten unsere Gesellschaft zusammen«. Auf diese Weise können Selbsthilfegruppen und Nachbarschaftsnetzwerke entstehen.

Finanz- und Wirtschaftswelt brachten in den letzten Jahren vor allem den Wert Ehrlichkeit in Verruf: Gefälschte Bilanzen, illegale Absprachen, Schmiergelder, Korruptionen und Manipulationen haben zu massiven Vertrauensverlusten in der Bevölkerung geführt. Nicht Werteverfall, sondern Wertekrise beschreibt diese Situation am treffendsten. VW, DB, BMW, DFB und viele andere Unternehmen und Organisationen ließen das »Made in Germany« fragwürdig werden. Nach den zunehmenden Zweifeln der Bürger und Wähler an der Verlässlichkeit von Politik, Politikern und Parteien nahm auch die Sorge um die Ehrlichkeit und Ehrenhaftigkeit der Unternehmensleitungen in der Wirtschaft zu. Man denke nur an das hanseatische Ideal des »ehrbaren Kaufmanns«. Vermisst wurde ein Ehrenkodex, ein Kodex für Unternehmen, der kontrollierbar und einklagbar ist. In Politik, Wirtschaft und Gesellschaft mangelt es bisher noch weitgehend an Regeln und Regelwerken. Der Verweis auf das Grundgesetz als Minimalkonsens reicht dazu allein nicht mehr aus.

So kann es nicht weiter verwundern, dass Ehrlichkeit die Nummer eins in der Wertehierarchie der Deutschen geworden ist – gefolgt von Verlässlichkeit, Hilfsbereitschaft, Selbstvertrauen und Selbstständigkeit. Diese Werte beschreiben als Wunschvorstellung einen Idealzustand: So wünscht man sich ein schönes, gelingendes Leben, geprägt von ehrlichem, das heißt, offenem Umgang miteinander. Gewünschte Werte sind natürlich noch keine gelebten Werte. Eher lassen sie auf subjektiv empfundene Defizite im bisherigen privaten und öffentlichen Leben schließen.

Für Eltern von Kindern und Jugendlichen ist Ehrlichkeit der wichtigste Wert im Leben und zugleich das wichtigste Erziehungsziel. Einen Wertekanon lebt und erlebt die Bevölkerung im ländlichen Raum. Für 99 Prozent (!) der Landbewohner ist der ehrliche Umgang miteinander aller Ehren wert. In den letzten Jahren ist ein geradezu unaufhaltsamer Aufstieg der Ehrlichkeit in der Werteskala der Deutschen feststellbar – vom vierten Rang in den Achtziger- über Platz drei in den Neunzigerjahren zur Nummer eins heute. Öffentliche

Skandale in Wirtschaft und Gesellschaft haben die Bundesbürger zunehmend sensibilisiert für das, was im Leben als immer bedeutsamer eingeschätzt wird: die Offenheit im Umgang miteinander.

Als Gegengewicht zu einer Gesellschaft der Ichlinge wünscht man sich wieder mehr empathische Kommunikation, damit nicht die soziale Kälte regiert. Dies erklärt auch den hohen Stellenwert der Verantwortung. Die Menschen wollen sich von der doppelten Moral befreien, individuell etwas anderes zu tun als das, was »man« gesellschaftlich für wertvoll hält. Während der Zeitgeist mitunter noch auf der Welle der Beliebigkeit schwimmt, sind viele schon einen Schritt weiter auf dem Weg zu einer eher sozial ausbalancierten Gesellschaft. Der Weg in eine solche Zukunft ist allerdings noch weit.

Trotzdem bleibt zu fragen: Entwickeln wir uns zu einer Verantwortungsgesellschaft, in der wir sozialen Pflichten freiwillig nachkommen – und nicht nur, weil wir dazu genötigt werden, sondern weil wir uns sozialen Werten verpflichtet fühlen? Nicht zufällig wird deshalb in Gesellschaft, Wirtschaft und Politik nach einem orientierenden Kodex Ausschau gehalten, der moralischen Grundsätzen standhalten kann. Die Bürger verurteilen den Verfall von Umgangsformen, bei dem Fairness, Anstand und Respekt verloren zu gehen drohen. Je freier wir leben, desto lauter wird der Ruf nach Offenheit und Ehrlichkeit. Nur die Verständigung über gemeinsame Werte hält unsere Gesellschaft zusammen und verhindert ein Auseinanderdriften.

Ganz im Gegensatz zur volkstümlichen Redensart »Der Ehrliche ist der Dumme« steht in der Wunschliste der Bevölkerung als Grundsatz ganz obenan, im Berufs- und Privatleben ehrlich zu sein. Das Institut für Demoskopie Allensbach ermittelte schon vor über einem Jahrzehnt im Rahmen einer Repräsentativumfrage: Die Bundesbürger sind davon überzeugt, dass viele Menschen in Deutschland Steuern hinterziehen. In allen sozialen Schichten wird die gelegentliche Steuerhinterziehung fast als Selbstverständlichkeit angesehen – also ein Verhalten zwischen Betrug und Kavaliersdelikt. Subjektiv gesehen hört beim Steuernsparen die persönliche Ehrlichkeit nicht selten auf. Es ist sicher kein Zufall, dass unmittelbar nach der Wende in der »Bücherstadt« Leipzig das Buch *1000 legale Steuertricks* zu den Verkaufsrennern wurde …

Die Menschen wissen sehr wohl, was in Zukunft im Leben wirklich wertvoll ist. Es sind die sozialen Tugenden der Ehrlichkeit und Verlässlichkeit. Glücklich kann sich schätzen, wer auf Freundschaft, menschliche Wärme und Geborgenheit verlässlich bauen kann. Alle anderen aber sind darauf angewiesen, dass sie in einem Gemeinwesen ein Mindestmaß an Freundlichkeit und sozialer Gerechtigkeit erfahren. Dieses Entgegenkommen bekommen sie aber nicht umsonst. Als Gegenleistung werden Ehrlichkeit und Verlässlichkeit, Vertrauen und Verantwortung erwartet. Nur so kann Zukunft auch ein Synonym für Hoffnung und sozialen Fortschritt sein.

Vertrauen wird die neue soziale Währung:
Die Basis für den Zusammenhalt

In den vergangenen Jahrzehnten sank das gegenseitige Vertrauen der Menschen drastisch – ausgelöst durch ein ständiges Kommen und Gehen am Arbeitsplatz, am Wohnort und in den persönlichen sozialen Beziehungen. Dies förderte die Beliebigkeit und stand der Beständigkeit des Lebens im Wege, die für die Stabilität sozialer Beziehungen – insbesondere in der Familie – unverzichtbar war. »Flexibilität« wurde geradezu als höchste Arbeitstugend gefeiert. Die flexible Gesellschaft forderte: Bleib in Bewegung, geh keine Bindungen und Verpflichtungen ein und bring vor allem keine Opfer. Zeig dein Chamäleongesicht – heute so, morgen so. Fang immer wieder von vorne an. Das Ziel ist weniger wichtig. Ständiger Aufbruch am Nullpunkt – das ist Risikobereitschaft und totale Flexibilität. Weil es weniger langfristige Bindungen und Verbindungen mehr gab, war auch das ziellose

Dahintreiben geradezu vorprogrammiert. »Drift« nannte die moderne Sozialforschung[98] dieses Verhalten. Die Flexibilität als oberstes Wirtschaftsprinzip förderte eine Gesellschaft von Driftern, in der Vertrauen, Verpflichtung und Verbindlichkeit ihren sozialen und moralischen Wert verloren. Die Folge war ein massiver Vertrauensschwund.

Gier, Missmanagement und fehlende Verantwortung hatten zur Folge, dass die wichtigste Währung für den sozialen Zusammenhalt der Gesellschaft verloren zu gehen drohte: das Vertrauen.

Doch im gleichen Maße, wie das Vertrauen in Wirtschaft, Politik und Gesellschaft kontinuierlich sinkt, nimmt das Vertrauen im mitmenschlichen Bereich wieder zu. Insbesondere die jungen Leute rücken enger zusammen. Und Hilfsbereitschaft steht wieder hoch im Kurs. Statt also wie in satten Wohlstandszeiten auseinanderzudriften, machen sie – wie schon immer in Krisenzeiten – die Erfahrung des Aufeinander-angewiesen-Seins.

Dies lässt für die Zukunft hoffen. Denn nachweislich wächst mit dem Vertrauen auch die Gemeinschaftsfähigkeit. Das Vertrauen gilt geradezu als *die* Antriebskraft des sozialen Lebens. Es ist ein soziales Kapital, auf das Politik und Gesellschaft setzen können. So zeichnet sich in Konturen das Bild einer neuen »Generation V« ab, in der Vertrauensbildung zur großen Herausforderung wird – nicht nur im zwischenmenschlichen Bereich, sondern auch im Arbeits- und Wirtschaftsleben. Die drei »V« (Vertrauen, Verantwortung, Verlässlichkeit) können, wenn sie vor allem von der jungen Generation mehrheitlich gelebt werden, zum Hoffnungsträger für ein besseres Zusammenleben in der Zukunft werden. Die nächste Generation sucht wieder mehr Beständigkeit als Beliebigkeit und setzt auf Familien-, Freundes- und Nachbarschaftshilfen. Gemeinsinn bürgert sich auf der Basis von Vertrauen wieder ein.

MEIN GENERATIONEN-VERMÄCHTNIS

Für eine bessere Zukunft
Was ich aus fünfzig Jahren Forschung gelernt habe

Wie eine Achterbahnfahrt

*»Ein Buch von Opaschowski ist wie eine Achterbahnfahrt:
Man liest sich zunächst in freie luftige Höhen und saust dann
mit Blick auf die Realität wieder in die Tiefen gesellschaftlicher Verwerfungen. Dennoch löst man bei Opaschowski
immer wieder eine Fahrkarte.«*[99]

Wird es nie wieder so werden, wie es war?
Die ewige Wiederkehr des Gleichen

»Es wird nie wieder so werden, wie es war.« Mit diesen Worten begann vor fünfzig Jahren ein Rundfunkreporter anlässlich der weltweiten Ölkrise ein längeres Interview mit mir. Seit damals verfolgt mich dieser Satz bei jeder größeren Krise: Öl-/Energiekrise 1972/73, Tschernobyl 1986, Golfkrieg 1990/1991, 11. September 2001, Finanzkrise 2008, Fukushima 2011, Coronakrise seit 2020 und Ukrainekrieg seit 2022. Als Zukunftsforscher habe ich die Erfahrung machen müssen: Jedes Jahrzehnt hat seine Krise – wie der Kreislauf der Natur. Auf Herbst und Winter folgen Frühling und Sommer. Es ist die ewige Wiederkehr des Gleichen. Kriege folgen auf Friedenszeiten, Frieden auf Krieg und Wohlstand auf Notstand. Jede Krise wird dabei von den Menschen als eine Zeitenwende empfunden, die nicht selten mit Weltuntergangsstimmungen einhergeht.

Dieser immer wiederkehrende Zyklus erklärt auch, warum beispielsweise die Politik des Alten Roms ein ernsthaftes Interesse daran hatte, Voraussagen über die Zukunft der kaiserlichen Macht zu verhindern. Kaiser Augustus ließ kurzerhand sämtliche griechischen und lateinischen Orakelbücher verbrennen. Stattdessen wurde der Mythos der Ewigen Stadt verbreitet: *Roma Eterna*. Um das Jahr 23 v. Chr. verfasste der Dichter Horaz (65–8 v. Chr.) die Devise: »Carpe diem, quam minimum credula posterum – Pflücke (oder: nutze) den Tag und vertraue so wenig wie möglich auf den folgenden.« Ein jeder sollte im Hier und Jetzt leben und nicht im Vertrauen auf eine vage Zukunft. Denn: »Es hat ein weiser Gott den Weg der Zukunft mit dunkler Nacht verhüllt und lächelt nur, wenn ein Sterblicher über das erlaubte Maß sich ängstigt ... Nur der wird als sein eigener Herr und heiter leben, der nach jedem Tag zu sprechen weiß: Ich habe gelebt« (Horaz, *Oden* I und III). Erinnert dies nicht an den Zeitgeist des 21. Jahrhunderts?

Auch Cicero war der Ansicht, dass das Wissen um die Zukunft weder nützlich noch hilfreich sei: »Es ist (...) die *Unkenntnis* künftigen Unheils gewiss von größerem Nutzen als ein entsprechendes Wissen« (Cicero, *Über die Wahrsagung* II). Die Römer hatten mehr die Gegenwart im Blick und rückten Voraussagen und Weissagungen in die Nähe von Betrug, Verschwörung oder gar Landesverrat. Zukunft war »Chefsache«. Nur der Kaiser sollte die Zukunft kennen. Kaiser Tiberius gab den Auftrag, Orakel in der Nähe Roms zu beseitigen. Und Kaiser Claudius fasste im Jahre 47 alle Weissager zu einem Staatskollegium zusammen – zu einer Art Zukunftsministerium. Zukunftsdeutung und Vorausschau wurden somit in die Hände des Staates gelegt.

Politikberatung vom Kanzleramt bis zum Schloss Bellevue:
Aufzeigen möglicher Lösungswege

Wiederum vor einem halben Jahrhundert: Am 12. November 1973 traf ein Schreiben von Heinz Westphal, Parlamentarischer Staatssekretär in der Regierung Willy Brandt, bei mir ein. Darin wurde mir für die Bereitschaft gedankt, an den Wissenschaftlichen Grundlagenarbeiten für die Entwicklung einer Gesamtkonzeption der Bundesregierung für den Bereich Freizeit und Erholung mitzuwirken. Ich solle mich auf eine Mitarbeit bis minimal Frühjahr 1975 einstellen. Engagiert und motiviert war ich damals mit meinen zweiunddreißig Jahren. Als Wissenschaftlicher Assistent an der Universität Siegen tätig, hatte ich aus der Not eine Tugend gemacht und schon Jahre vorher ein eigenes Forschungsfeld für mich erschlossen und bearbeitet: die Freizeit- und Tourismusforschung. Zu einer Zeit, da es noch kein TUI und keine Neckermann-Reisen gab, jobbte ich während der Semesterferien als Reiseleiter am »Teutonengrill« in Italien und entdeckte bei den Deutschen die populärste Form von Glück.

Was ich da in der Geburtsstunde des modernen Massentourismus erlebte, hielt ich systematisch in eigenen Beobachtungsstudien schrift-

lich fest und veröffentlichte diese. Daraufhin wurde ich als Vorstands-
mitglied in den Starnberger Studienkreis für Tourismus berufen, der
anerkannten Forschungsstelle für regelmäßige Reiseanalysen.

Der Politik blieben meine systematischen Forschungen und Ver-
öffentlichungen über die sozialen Folgen der Arbeitszeitverkür-
zung nicht verborgen, zumal die gewerkschaftliche Forderung »Die
35-Stunden-Woche muss her« Handlungsbedarf signalisierte. Infolgedessen wurde meine wissenschaftliche Beratungsarbeit für die Politik ordnungsgemäß nach dem Beamtengesetz (§ 66 BBG) als nicht
genehmigungspflichtige Nebentätigkeit der Verwaltung der Universität Hamburg, an der ich einunddreißig Jahre lehrte, mitgeteilt. Ansonsten war Vertraulichkeit vereinbart (»nicht für die Öffentlich-
keit«).

In der ersten Projektsitzung in Anwesenheit der Bundesministerin
für Jugend, Familie und Gesundheit Katharina Focke wendeten sich
Ministeriumsvertreter mir zu mit den Worten: »Und dann sorgen Sie
mal dafür, dass wir Politiker mehr Freizeit bekommen.« An meine
lakonische Antwort erinnere ich mich noch sehr genau: »Sie brauchen nicht mehr Freizeit. Fast alles, was große Teile der Bevölkerung
in ihrer Freizeit suchen – Abwechslung, Anerkennung, Entfaltung,
Erfüllung und Kontakte –, finden Sie bereits in Ihrer Arbeit. Was Ihnen vielleicht noch fehlt, ist Entspannung, Erholung von der Berufs-
arbeit. Ansonsten sind Sie privilegiert.« Unbewusst hatte ich damit
die Hauptaufgabe einer neuen Freizeitpolitik angesprochen: im Zusammenhang mit einer Politik zur Humanisierung der Arbeitswelt
die Lebens- und Entfaltungschancen für breite Bevölkerungsschich-
ten verbessern und Benachteiligungen verhindern. Erholung wurde
dabei nur als Teilaspekt der Freizeit gesehen.

Dies machte die Bundesregierung sechs Monate nach Projektbe-
ginn in der Antwort auf eine »Kleine Anfrage« am 2. April 1974 im
Deutschen Bundestag deutlich. Zu den Prioritäten freizeitpolitischer
Maßnahmen sollte der Abbau von Benachteiligungen gehören, unter
denen besonders »Schichtarbeiter, erwerbstätige Mütter, kinderrei-

che Familien, viele Kinder und Jugendliche, ältere Menschen, Behinderte sowie Teile der Bevölkerung im ländlichen Raum zu leiden« hätten. Fünfzig Jahre später sind dies noch immer offene Anliegen für Aktionsprogramme der Politik.

Warum konnte in den zurückliegenden Jahrzehnten in dieser Hinsicht so wenig bewegt werden? 1973 war mit nur 1,6 Prozent Arbeitslosenquote das letzte Jahr der sogenannten Vollbeschäftigung. Als jedoch die (freizeit-)politische Konzeption der Bundesregierung 1975 fertiggestellt war und veröffentlicht wurde, suchten inzwischen mehr als eine Million Menschen Arbeit. Ein Jahrzehnt nach dem Wirtschaftswunder 1962, als die Arbeitslosenzahl noch unter 100.000 lag und einen historischen Tiefstand erreichte, war es 1975 mit der Vollbeschäftigung erst einmal vorbei. Die Gewerkschaften blockierten die freizeitpolitischen Maßnahmen und Initiativen der Bundesregierung mit den Worten: »Schafft erst einmal Arbeitsplätze!« In dieser aufgeheizten Stimmung wurde »Freizeitpolitik« fast zum Unwort. Und mein Engagement für eine freizeitpolitische Konzeption der Bundesregierung lief ins Leere.

Realistischerweise hatte ich die Politik frühzeitig auf einen gesellschaftlichen Paradigmenwechsel hingewiesen. In der Beilage zur Wochenzeitung *Das Parlament* vom 5. Oktober 1974 votierte ich für eine Neubewertung von Arbeit und Freizeit und kritisierte das etablierte Gerede von der »künftigen Freizeitgesellschaft«. Die Ideologie der Freizeitgesellschaft sollte vielmehr durch die Idee einer »Gesellschaft freier Bürger« ersetzt werden. »Freie Zeit ist Bürgerrecht«, lautete seinerzeit mein Kampfruf. Statt verkürzt über spezielle Freizeitprogramme zu diskutieren, wollte ich mehr über flexible Arbeitszeitordnungen nachdenken. So schlug ich erstmals 1974 die Flexirente vor – eine »abgestufte Pensionierungszeit mit eigenverantwortlichen Wahlmöglichkeiten und flexibler Altersgrenze«[100] – ein Modell, das jetzt, ein halbes Jahrhundert später, wieder zu neuem Leben erwacht.

Bundeswirtschaftsminister und Vizekanzler Robert Habeck forderte im Februar 2022 in einem Interview mit dem *Handelsblatt:* »Man sollte *flexibel länger arbeiten können.*«[101] Auf einer freiwilligen Basis solle es längere Lebensarbeitszeiten geben. Habeck will kein fixes Alter mehr, sondern ein flexibles Renteneintrittsfenster. Ist die Zeit jetzt reif für eine Realisierung, weil Wirtschaft, Politik und Gesellschaft zunehmend an Fachkräftemangel leiden? Wird in naher Zukunft die Flexirente bald Wirklichkeit, weil sie sich als wirksames arbeitsmarktpolitisches Mittel zum Gegensteuern erweist? Können auf diese Weise Arbeitnehmer und Arbeitgeber, Wirtschaft, Kultur und Gesellschaft davon profitieren?

Damals explodierte die Zahl der Arbeitslosen in Deutschland. Zwischen 1970 und 1975 hatte sie sich von 150.000 auf über eine Million versiebenfacht. Begriffe wie »Massenarbeitslosigkeit« und »Sockelarbeitslosigkeit« beherrschten die öffentliche Diskussion. Man befürchtete ein Heer von Dauerarbeitslosen. Die sozialen Folgen für die Gesellschaft waren kaum absehbar. Insbesondere die Jugendarbeitslosigkeit lag deutlich über dem Gesamtdurchschnitt. Im Wettstreit um einen Arbeitsplatz blieben vor allem Jugendliche ohne qualifizierte Ausbildung auf der Strecke. Und aus demografischen Gründen wurde der sogenannte Schülerberg zu einer neuen sozialpolitischen Herausforderung.

In dieser kritischen Situation richtete sich seinerzeit mein Forschungsinteresse statt auf freizeitpolitische Maßnahmen auf *die* Region mit der höchsten Jugendarbeitslosigkeit in Deutschland: das Duisburger Arbeiterviertel Hamborn, jenes am stärksten betroffene Großstadtgebiet und Industriezentrum. Hier war jeder dritte bis vierte Arbeitslose ein Jugendlicher. Alle Programme und Projekte zur Bekämpfung der Arbeitslosigkeit waren bislang wirkungslos geblieben. Die angebotenen Hilfen kamen bei den Betroffenen nicht an – weder räumlich noch psychosozial. Deshalb entwickelte und erprobte ich mit Förderung des nordrhein-westfälischen Ministeriums für Arbeit, Gesundheit und Soziales 1974 eine neuartige Methode der Sozialarbeit: Street-corner-work. Dabei handelte es sich um eine Sozialarbeit im Kontaktbereich der Straße. Ich nahm mit Sozialarbeitern in Duisburg Kontakt auf und motivierte und qualifizierte sie, sechs Monate lang als Streetworker-Team vor Ort tätig zu sein. Dies war seinerzeit ein für deutsche Verhältnisse neuartiger Modellversuch der sozialen Arbeit mit arbeitslosen Jugendlichen.

Zu Beginn des Projekts schufen wir ein vielfältiges Netz von Außenkontakten und nahmen zu fünfundvierzig Hamborner Institutionen, Organisationen und Gruppen Kontakt auf, um eine dauerhafte Kommunikation auch und gerade für die Zeit nach Beendigung des Modellversuchs zu etablieren. Das Projekt stellte hohe Anforderungen an die Streetworker, insbesondere an ihre psychische Konstitution. Enttäuschungserlebnisse waren unausweichlich, Erfolgsergebnisse in der Anfangsphase rar gesät.

Der Bericht eines Streetworkers über sein erstes Kontaktgespräch in einer Gaststätte machte dies deutlich. Er hinterlegte mir folgende Protokollnotiz: »Nachdem ich mich von der Theke aus ein wenig umgeschaut hatte, ging ich zu einem Tisch, an dem drei Jugendliche Skat spielten. Auf die Frage, ob ich ein bisschen sitzen bleiben dürfte, antwortete einer: ›Aber Schnauze halten!‹ Die anderen ignorierten mich. Nach einer knappen halben Stunde musste einer der drei Jugendlichen zu irgendeinem Klaus, nachdem er 4,60 DM beim Viertel-Pfennig-Einsatz verloren hatte. Bevor er ging, fragte er mich noch, ob ich auch arbeitslos sei. Ich erzählte den drei Jugendlichen daraufhin, wer ich sei und was ich wollte. Hierbei kam heraus, dass tatsächlich jeder der Anwesenden arbeitslos war. Allerdings hatte es derjenige, der gehen wollte, auf einmal noch viel eiliger als vorher. Auch die anderen entwickelten zunächst eher Abwehr als Interesse an einem Gespräch mit mir.«

Nachdem sich der Streetworker ein Pils bestellt hatte, wurde sein Gegenüber etwas redseliger. Er sei sechzehn, meinte er, hätte keinen Hauptschulabschluss, würde gerne Schornsteinfeger werden und den

Hauptschulabschluss nicht nachmachen, weil er das sowieso nicht schaffe. Er erzählte dann noch von einigen Gelegenheitsjobs. Als der Streetworker ihn fragte, ob er ihn mal wieder sprechen könnte, reagierte er wie folgt: »Aber nicht zu Haus! Meine Alte regt sich immer unheimlich auf, wenn ich einen mitbringe. Die schämt sich wohl, weil ihre Bude immer so dreckig ist.«[102]

Das war seinerzeit wirklich harte, oft frustrierende Sozialarbeit – in Kneipen, in Parks, in Jugendheimen und manchmal auch bei Hausbesuchen. Die arbeitslosen Jugendlichen machten den Eindruck einer Generation der Überflüssigen, einer krisengeschädigten Problemgruppe, die als »Ausschuss« und »Outcasts« für immer auf der Straße zu bleiben drohte. Die Zwischenbilanz des Streetworker-Teams nach sechs Monaten Erprobung konnte sich dennoch sehen lassen. Erfolgreiche Fortbildungskurs- und Arbeitsstellenvermittlungen veränderten die Lebenshaltungen vieler Jugendlicher grundlegend: Apathische wandelten sich zusehends zu Pragmatischen, und Resignative freundeten sich mit dem Lager der Zuversichtlichen an.

Als die lokalen Medien erste Erfolgsmeldungen verbreiteten, bekam ich wütende Brandbriefe von Anhängern des Kommunistischen Bunds Westdeutschland (KBW) und auch von marxistisch geprägten Universitätskollegen, die mir »Symptomkuriererei« vorwarfen, weil ich »systemimmanent« das kapitalistische Gesellschaftssystem stabilisieren half. Tatsächlich schuf die Länderregierung von Nordrhein-Westfalen nach Beendigung des Modellprojekts zusätzlich siebzig Streetworker-Stellen, die fortan arbeitslose Jugendliche an ihren Treffpunkten aufsuchten, sie berieten, motivierten und in ihrer Persönlichkeit stabilisierten – nicht mehr und nicht weniger.

Als Wissenschaftlicher Leiter des 1979 neu gegründeten BAT Freizeit-Forschungsinstituts hatte ich in meiner Rolle als Gutachter, Berater und Vortragsreferent vielfache Kontakte zu Ministerien, zum Bundeskanzler- und Bundespräsidialamt. In den Achtzigerjahren beauftragte mich der damalige Kanzleramtschef Wolfgang Schäuble mit einer Forschungsarbeit für das Bundeskanzleramt. Ich sollte eine Expertise zum Struktur- und Wertewandel in Deutschland erstellen und dabei Perspektiven und Optionen zum Verhältnis von »Zukunft« und »Freizeit« aufzeigen. Ausgangspunkt war die ebenso prominente wie provozierende These von Bundeskanzler Helmut Kohl vom 4. Februar 1988: »Zukunft ist wichtiger als Freizeit« (Bulletin Nr. 19/1988, S. 155).

Nach Fertigstellung des Gutachtens bekam ich die Gelegenheit, vor den Redenschreibern des Kanzleramts zu referieren. Ich erinnere mich noch an den positiven Einleitungssatz meines Statements: »Noch nie hat es eine Generation gegeben, die mit so viel Zeit und Geld, Bildung und Wohlstand aufgewachsen ist.« Das Stichwort »Freizeit« verstand ich seinerzeit als einen Faktor, von dem Impulse auf die Arbeitswelt von morgen ausgingen. Wie auch immer Umfang und Inhalt von Zeit und Freizeit in Zukunft beschaffen sein mögen, sie würden nur dann eine Bereicherung der Lebensqualität darstellen, wenn wir auch bereit seien, für unsere Zukunft zu arbeiten. Die Freizeit sei doch im Grunde nichts anderes als ein »Mond«, der nur deshalb so hell erstrahlen könne, weil ihm die »Sonne Arbeit« ihr Licht spende. Meine Zukunftsexpertise spiegelte nach dem Urteil des Kanzleramts die Realität treffend wider. Und für Bundeskanzler Kohl war die aktive Gestaltung der Zukunft seinerzeit eine Aufgabe, die für Politik und Bürger gleichermaßen wichtig war. Denn neben einer fundierten Analyse der gegenwärtigen Situation war dabei das Aufzeigen möglicher Lösungswege von besonderer Bedeutung.

Kaum war Bundespräsident Roman Herzog vom Rhein an die Spree umgezogen, agierte ich als Politikberater mehr in Berlin als in Bonn. Wilhelm Staudacher, zu jener Zeit Leiter des Bundespräsidialamts, legte besonderen Wert darauf, durch externe Berater zum Erfolg der Arbeit des Bundespräsidenten mit beizutragen. Der Bundespräsident war und ist wie kaum ein anderer gefordert, wenn es darum geht, in Zeiten des Wandels dem Land Orientierung zu geben.

Ich blieb mir treu und wollte auch weiterhin den Elfenbeinturm der Wissenschaft verlassen, also die Isolation des Wissenschaftlers, der nur in seiner eigenen Forschungswelt lebt, ohne sich um die Gesellschaft und den sozialen Wandel zu kümmern. Dabei standen für mich verschiedene Zukunftsfragen im Vordergrund, wie zum Beispiel: Welche unserer fünfzig Jahre alt werdenden Strukturen und Organisationsformen sind noch zeitgemäß und welche müssen wir erneuern? Welche Wertvorstellungen müssen wir unseren Kindern mitgeben, um sie auf das 21. Jahrhundert vorzubereiten? Und was heißt das für unser Bildungssystem?

Erziehungs- und Bildungsfragen zählen seit Jahrzehnten zu meiner Profession: Mit dreiunddreißig Jahren wurde ich als Professor für Erziehungswissenschaft an die Universität Hamburg berufen und lehrte dort über dreißig Jahre bis zum Jahr 2006.

Auch nach dem Amtswechsel im Bundespräsidialamt blieb ich für den neuen Bundespräsidenten Johannes Rau beratend tätig. Am 23. Oktober 2001 fand im Schloss Bellevue vor zweihundert Intendanten und Chefredakteuren eine Vortragsveranstaltung zum Thema »Die Republik und ihre Journalisten« statt. Es referierten Bundespräsident Rau (für die Politik), TV-Moderator Günther Jauch (für die Medien) und ich (für die Wissenschaft). Aktueller Anlass war die zunehmende Vermischung von Boulevard und politischem Journalismus. Die Unterhaltungspublizistik verzeichnete deutliche Zuwächse und nahm sich in Talkshows – beinahe nebenbei – auch »politischer« Inhalte an. In einer von Bildern geprägten Umgebung wurde mehr die Emotion als der Verstand angesprochen, weil sie sich besser verkaufen ließ. Seriosität und Kompetenz drohten auf der Strecke zu bleiben, und Schnelligkeit wurde zum Maßstab aller Dinge.

Nicht gerade begeistert waren die anwesenden Medienvertreter, als ich in meinem Vortrag das Anliegen und die Kritik des Bundespräsidenten empirisch belegte und anschaulich darstellte. Meine Eingangsfrage lautete: »Verkommt der politische Journalismus zum medialen Politainment, in dem Kriege und Katastrophen genauso wie

Sensationen und Skandale als Einmaligkeit mit Unterhaltungswert verkauft werden?« Thesenhaft brachte ich Beispiele:

- Das Schlechte ist medienwirksamer als das Gute – nach der bewährten Erfolgsformel »The bad news are the better news«.
- Das Unterhaltsame ist medienwirksamer als das Informative – oder nach einem geflügelten Wort von Helmut Schmidt, wonach es für Zuschauer mehr zähle, ob der Schlips zum Hemd passe, als das, was ein Politiker zur Zukunft Europas zu sagen wisse. Das Oberflächliche ist medienwirksamer als das Tiefgründige – ganz im Sinne des Medienmanagers Helmut Thoma, für den jahrelang das Erfolgsprinzip des privaten Fernsehen galt: Im Seichten könne man nicht untergehen.
- Das Gewalttätige ist medienwirksamer als das Gewaltlose – frei nach Larry King in der CNN-Talkshow vom 22. Juni 2000 anlässlich der Hinrichtung von Gary Graham in Texas: »Die Exekution noch in dieser Sendung – bleiben Sie dran.«

Und so selektiv sah und sieht dann die abgebildete Wirklichkeit auch aus. Es ist kein Zufall, dass ich in meiner repräsentativen Medienforschung nachweisen konnte: »Die Mehrheit der Bevölkerung hat das Gefühl, dass die Medien zunehmend unser Leben inszenieren.« Dieser Eindruck herrscht vom 11. September 2001 bis zum Ukrainekrieg 2022 vor: Kriegsberichterstatter agieren mitunter wie Instant-Experten, die bei einer Krise schnell ins Flugzeug steigen, in der Maschine ein paar Agenturmeldungen lesen und bei der Ankunft gleich die erste Liveschaltung ins TV-Studio haben.

Wie müssen wir uns ändern, damit sich etwas ändert? Diese Frage bewegt mich seit Jahrzehnten. »Die Dinge vom Ende her denken – und dann handeln!« Dieser Satz wird der Physikerin Angela Merkel zugeschrieben, die später Bundeskanzlerin wurde. Doch in ihrer Politik stieß dieses physikalische Denken immer öfter an seine Machbarkeitsgrenzen. Die Vorausschau reichte mitunter nur für einen Zeitraum von drei Monaten oder drei Wochen. Dann war Umdenken und manchmal auch Umkehren gefordert. Die Bürger konnten nur zur Kenntnis nehmen, was gerade noch geht – obwohl sie eigentlich wissen wollten, wohin es geht. In der Bevölkerung entsteht bis heute – in der Großen Koalition genauso wie in der Ampel-Koalition – der Eindruck einer Politik des Abwartens und Reagierens – von Krise zu Krise. Die aktuelle Krise wird bewältigt und die nächste Krise erwartet. Es mangelt an einer weitsichtigen Vision für die Zukunft Deutschlands. Auf die Frage in der Bundespressekonferenz, was sie an Helmut Schmidt am meisten schätze, antwortete Angela Merkel: »Die Fähigkeit, zwanzig Jahre vorauszudenken.« Schmidt war einer der Ersten gewesen, der die Folgen der Globalisierung frühzeitig thematisiert hatte.

Im Juni 2011 kritisierte Bundespräsident Christian Wulff die Politik öffentlich wegen ihrer kommunikativen Mängel: »Sie erklärt nicht mehr ausreichend, was getan werden muss. Sie priorisiert nicht mehr die größten Herausforderungen.« Da stehen wir auch heute noch. In einer Zeit, in der weltweit Menschen demonstrativ und engagiert auf die Straße gehen und »Demokratie jetzt« fordern, können politische Zukunftsentscheidungen nicht mehr dem Zufall überlassen bleiben.

Im Zuge meiner politischen Beratungstätigkeit war ich auch in den Neunzigerjahren während der Kanzlerschaft von Angela Merkel im Kanzleramt tätig, ohne dabei direkt und persönlich mit der Kanzlerin zu tun zu haben. Regelmäßig traf ich morgens von Hamburg aus um 09.45 Uhr mit dem ICE in Berlin/Hauptbahnhof ein und ging zu Fuß über die Spree-Brücke direkt ins Kanzleramt. Beim Betreten des Eingangsbereichs begegnete mir oft kurz vor 10 Uhr die Kanzlerin – auf dem Weg zur nächsten öffentlichen Veranstaltung. Gegenseitig riefen wir uns »Guten Morgen« zu – und gingen an die Arbeit.

Als ich dann wirklich mit ihr zu einem persönlichen Gespräch zusammentraf, rief sie mir, bevor ich mich überhaupt vorstellen konnte, schon zu: »Guten Morgen, ich kenne Sie.« Bis dahin war ich wohl eine Art Gruß-Onkel gewesen, an den sie sich auf dem morgendlichen Weg zum nächsten Termin gewöhnt hatte. Ich fühlte mich zugleich an ihr TV-Duell mit Peer Steinbrück zur Bundestagswahl 2017 erinnert, als sie in ihrem persönlichen Statement die Formel »Sie kennen mich« verwendet hatte – ein Zitat, das wie »Wir schaffen das« seither zu den bekanntesten Aussagen von Angela Merkel zählt.

Anlass dieses Treffens im März 2009 war ihre Einladung zu einem Gedankenaustausch ins Schloss Meseberg, dem Gästehaus der Bundesregierung. Sie meldete Diskussionsbedarf zur Frage an, »wohin sich unsere Gesellschaft, ihre Wertebasis und ihr Wohlstandsverständnis in den nächsten Jahrzehnten entwickeln könnte – und sollte«. Das Gespräch endete mit einem gemeinsamen Abendessen mit Gänsekeule und Rotkohl (war wohl aus der Weihnachtszeit übrig geblieben …). Wir sprachen über den neu gewählten amerikanischen Präsidenten Barack Obama und auch über die Folgen der Finanz- und Wirtschaftskrise 2007/2008. Dabei hob sie fast bewundernd hervor, »wie ruhig« sich die deutsche Bevölkerung in diesen Krisenzeiten verhielt.

Die Klausur im Schloss Meseberg blieb nicht folgenlos. Mit Beteiligung der Kanzlerin fand am 18. Mai 2009 eine öffentliche Zukunftskonferenz in Berlin statt: »Deutschland – eine Generation weiter. Die Zukunft hat schon begonnen.« Zentral ging es um das Thema »Lebensqualität, Wohlstand und Fortschritt«. Über »Deutschland in zwanzig Jahren« diskutierten Zukunftsforscher und Praktiker aus allen Teilen der Gesellschaft. Ich referierte über »Wohlstand und Lebensqualität«. Es folgten Kommentare der jungen Generation – von der Stipendiatin über das Studentenforum bis zum Think Tank 30 des Club of Rome. Der Publizist Peter Felixberger war bei allen Diskussionen und Workshops dabei und resümierte: Geredet wurde nicht über eine Welt, wie wir sie in zwanzig Jahren gerne hätten, sondern über die Frage: »Was wäre, wenn?« Die Antwort lautete: »Vorbereitet sein.«[103]

»Wir hoffen, Sie behalten recht«:
Szenarien über die Lebens- und Arbeitswelt von morgen

In Zeiten der Vollbeschäftigung und Jahrzehnte vor der Fridays-for-Future-Bewegung, zehn Jahre vor Tschernobyl und fünfunddreißig Jahre vor Fukushima wagte ich 1976 erstmals eine Dreifach-Prognose für eine ferne Zukunft. Dazu zählte ich:

1. »die *Umweltkrise* als Folge einer sich der staatlichen Kontrolle weitgehend entziehenden Schadstofffreisetzung
2. die *Energiekrise* als Folge beschränkter Vorräte an natürlichen Brennstoffen und nicht regenerierbarer Rohstoffreserven
3. die *Beschäftigungskrise* als Folge strukturbedingter Freisetzungen größeren Ausmaßes (zum Beispiel Arbeitsplatzveränderungen, Arbeitskräfteeinsparungen, Umsetzungen, Entlassungen).«[104]

Jetzt, ein halbes Jahrhundert später, muss ich feststellen: Die Probleme sind da – und sie bleiben. Fast entsteht der Eindruck: Die Krisenzeit hat gerade erst begonnen. So gesehen hat meine Forderung aus den Siebzigerjahren bis heute Gültigkeit, wonach die Menschen lernen müssen, aktiv an der Lösung dieser gesellschaftlichen Probleme mitzuwirken.

Im Jahr 1989 prognostizierte ich in der Studie »Wie arbeiten wir nach dem Jahr 2000?« eine neue Arbeitsmoral – zugespitzt in folgender These: Die Arbeitnehmer von morgen wollen mehr vom (Arbeits-)Leben haben. Dies hat zur Folge: Die Leistungsmotivation der Arbeitnehmer wird man künftig nicht einfach verlangen, voraussetzen oder »abrufen« können. Ganz im Gegenteil: Arbeitnehmer werden die eigene Leistung auf ein Minimum reduzieren und eine Art »innerer Kündigung« praktizieren, wenn ihnen nicht neben materiellen Vergütungen zusätzliche immaterielle Anreize geboten werden.[105] Je nach Berufsgruppe werden unterschiedliche Anreize erforderlich:

- Wer *Arbeiter* zu besonderen Leistungen anspornen will, muss ihnen erst einmal mehr Lohn zahlen.
- Wer die Leistungsbereitschaft von *Angestellten und Beamten* herausfordern will, muss ihnen Arbeitstätigkeiten übertragen, die mehr Freude machen.
- Leitende Angestellte und höhere Beamte sind an zwei Leistungsanreizen gleichermaßen interessiert: Sie erwarten für sich selbstständige verantwortliche Tätigkeiten und gleichzeitig höhere Einkommen.

Es ist unverkennbar als Tendenz für die Zukunft: Die Last der Arbeit darf die Lust am Leben nicht verdrängen. So lautete meine damalige Einschätzung.

»Wir hoffen, Sie behalten recht. Wir bilden inzwischen ganze Generationen danach aus«, teilte mir der Dozent einer Berufsakademie in Baden-Württemberg Anfang der Neunzigerjahre mit. Er bezog sich dabei auf die 1988 veröffentlichte Zukunftsstudie »Wie leben wir nach dem Jahr 2000?«. Darin dämpfte ich zwar die euphorischen Hoffnungen auf ein High-Tech-Paradies in der Arbeitswelt von morgen, machte aber zugleich Hoffnungen auf mehr hierarchiefreie und selbst organisierte Arbeitsformen.[106]

Und so sah meine Prognose aus der Sicht der Achtzigerjahre für das Leben nach der Jahrtausendwende aus: »Kleine und überschaubare Arbeitseinheiten sind gefragt, partizipative Netzwerke und Workshop-Teams, die zuhören, beobachten und kooperieren können. Die Arbeitsorganisation wird offener und flexibler, sozial und moralisch sensibler werden.«[107] Meine Erwartungen haben sich so nicht erfüllt, wenn auch das Homeoffice-Modell in den Pandemiezeiten nach 2020 stärker selbstbestimmte Beschäftigungen zuließ und zulässt. Ich gebe selbstkritisch zu: Als Zukunftsforscher bin ich mitunter mehr von der Wunschvorstellung »Wie wir arbeiten *wollen*« fasziniert als von der Wirklichkeit »Wie wir arbeiten *werden*«. Daran halte ich weiter fest.

In einem weiteren Szenario zur »Arbeit 21« ging ich Ende der Neunzigerjahre davon aus, dass spätestens im Jahr 2005 die Fünf-Millionen-Marke in der Arbeitslosenzahl erreicht sein werde und in der Folge »die soziale Wohlfahrt und der soziale Frieden« in Deutschland gefährdet seien.[108] Das Jahr 2005 kam, der Albtraum »Fünf Millionen Arbeitslose« wurde tatsächlich Wirklichkeit – aber es passierte nichts, es kam nicht mal ein Wort von den Gewerkschaften und Arbeitgebern. Nur die Regierung Schröder ließ verlauten: Die Zahlen sind ernüchternd, aber wahr. Stattdessen waren die Zeitungen auf den Seiten eins voll mit Berichten über den Schiedsrichterskandal Hoyzer in der Bundesliga. Hier zeigen sich die psychologischen Grenzen der Zukunftswissenschaft. Zukunftsforscher können zwar manche gesellschaftlichen und politischen Ereignisse relativ präzise vorhersagen, aber nicht alle menschlichen Reaktionsmöglichkeiten detailliert beschreiben, weil das Psychologische eben nicht wie in der Mathematik und Naturwissenschaft exakt berechenbar ist.

Und was war nun der Grund für derart hohe Arbeitslosenzahlen?

»Hilfe, Roboter sind unter uns! Sie bescheren uns eine Diktatur der Automaten, der wir hilflos ausgeliefert sind.« Diese Horrorvision stammt – aus den Fünfzigerjahren! Sie wird seit sieben Jahrzehnten als kulturpessimistische Aussage ständig wiederholt: Mal sind es Computer, Internet und Chips, mal Automatisierung, Computerisierung und Digitalisierung. Und was in Zukunft »Industrie 4.0« heißt, hatte in den Fünfzigerjahren den Namen »menschenleere Fabrik«. Seit der Industrialisierung im 19. Jahrhundert löst eine industrielle Revolution die andere ab und lässt immer gleiche Maschinenstürmer-Ängste entstehen. Jede Zeit hat ihre Maschinenstürmer.

Nein, Roboter rauben den Menschen keine Arbeitsplätze. Die Digitalisierung führt entgegen weitverbreiteten Befürchtungen nicht zu einem Personalabbau. Arbeitsplatzverluste und Neueinstellungen halten sich die Waage. Über eine Million Arbeitsplätze sind allein in den letzten zehn Jahren in Deutschland neu geschaffen worden – vor allem im Sozial- und Gesundheitswesen. Die Arbeitsmarktentwicklung gleicht einem Nullsummenspiel: Für jede Stelle, die wegen Robotern verloren geht, entsteht eine neue Stelle in einer anderen Branche. Nachweislich haben die klassischen Industrieländer wie Japan, Deutschland und die USA mit einer sehr hohen Dichte von Industrierobotern die niedrigsten Arbeitslosenquoten. Das von vielen proklamierte Jobsterben findet nicht statt.

»Take it or leave it«:
Die Hälfte der Ökonomie ist Psychologie

Auf einem internationalen Kongress in Venedig machten sich Wirtschaftsforscher nach der Jahrtausendwende Gedanken über die Ursachen und Auswirkungen ihrer Fehlprognosen. Selbstkritisch gestand der amerikanische Ökonom und Nobelpreisträger Robert Solow ein, Ökonomen seien schlecht darin, Dinge vorauszusagen. Ökonomen seien auch nur Klempner: Er erwarte von seinem Klempner keine Vorhersage, sondern eine Reparatur. Ökonomen seien entsprechend dazu da, um nach der Krise zu reparieren.[109] Die Hauptursache für Fehlerquoten bei Wirtschaftsprognosen sei schnell gefunden: mangelnde Berücksichtigung von Kenntnissen der Verbraucherpsychologie.

Es ist kein Zufall, dass der deutsche Sachverständigenrat erstmals während der Golfkrise in seinem Jahresgutachten 1990/91 einräumen musste, seine Prognosen seien »kaum in der Lage, Verhaltensänderungen zu erfassen, die sich aus einer möglichen Verunsicherung ergeben könnten«.[110] In Krisenzeiten, die Verbraucher verunsichern, sind Wirtschaftsforscher selbst verunsichert und kapitulieren *vor der Psychologie der Verbraucher*. Sie unterstellen in ihren Berechnungen bei den

Verbrauchern ein grundsätzlich rationales Verhalten (»homo oeco-
nomicus«) und schätzen infolgedessen Stimmungen, Hoffnungen
oder Ängste falsch ein. Die Folge: Viele Konjunkturprognosen reichen oft nur bis zum nächsten Quartal.

In den Siebzigerjahren entstanden an der deutschen Ostseeküste
Ferienzentren wie »Damp 2000« und »Weissenhäuser Strand«. In
der Gründungsphase waren es Dreimonatsbetriebe, weil sie klima-
tisch keinem Vergleich mit mediterranen Ferienregionen standhalten konnten. Daher wurde ich nicht müde, in Gutachten, Expertisen
und öffentlichen Vorträgen darauf hinzuweisen: Der deutsche Frem-
denverkehr muss wetterunabhängiger werden – durch tropische Ba-
delandschaften und Glasgalerien zum Flanieren und Verweilen. Öffentliche Kritik über die »Künstlichkeit« und medialer Spott über den
»Silikonbusen der Natur« ließen nicht lange auf sich warten.

Unter der Überschrift »Ein Dach für Deutschland« brachte es die
Welt am Sonntag am 30. März 1986 auf den Punkt: Der inländische
Reiseverkehr verliere Jahr für Jahr eine halbe Million Urlauber. Der
Grund sei ausgemacht: das Wetter im Ferienland Deutschland. Pro-
fessor Horst Opaschowski wisse kühnen Rat: Der Urlauber wünsche
Thermalhallen und Freizeitbäder, Solarwiesen und Einkaufspassa-
gen, Straßencafés unter Glaskuppeln.[111]

Zwei Jahre später wurde ich »rehabilitiert«: Die *Welt am Sonntag*
musste selbstkritisch eingestehen: Als Opaschowski den ständig
über's Wetter klagenden deutschen Kurdirektoren vorgeschlagen
hatte, ihre Ferienorte doch einfach zu überdachen, hätten alle herz-
lich darüber gelacht: »Inzwischen ist es so weit. Dies ist die schöne
neue Urlaubswelt. Take it or leave it.«[112] Die Urlauber nehmen und
lieben sie. Inländische Ferienparks gehören mittlerweile zu den be-
liebtesten und erfolgreichsten Ferienangeboten für Familien mit Kindern, Singles und Senioren – auch und gerade in Krisenzeiten.

Das Urlaubsleben im Freien und in frischer Luft verliert deshalb nichts von seiner Attraktivität. Doch immer dann, wenn man sich in heimischen Feriengebieten auf die Sonne nicht mehr verlassen kann, ist der »Urlaub wie in der Karibik« gefragt und gesucht: Texlon-Dächer sorgen für die Durchlässigkeit der UV-Strahlen, sodass Sonnen auch im Winter möglich ist. Und wer die Sonne spüren und nicht nur sehen will, kann diese unter dem verschiebbaren Glasdach stressfrei genießen. Sommer rund ums Jahr und Wärme zu jeder Jahreszeit garantiert der subtropische Bade-Urlaub unter gläsernem Himmel. Tatsächlich haben inzwischen viele deutsche Feriengebiete *tropische Strandlandschaften unter Dach* geschaffen. Während draußen ein dreitägiges oder dreiwöchiges Dauertief vorbeizieht, fühlen sich die Urlauber bei karibischen Temperaturen ausgesprochen wohl. Hier scheint das ganze Jahr die »Urlaubssonne« – fast vor der Haustür oder um die Ecke. Das kostet in diesen schwierigen Zeiten, wo Gas und Strom knapp und teuer werden, zusätzliche Energie. Aber Ferienzentren reagieren erfindungsreich darauf, schaffen sich ein eigenes Heizkraftwerk (wie am Weissenhäuser Strand) und denken über neue Biogasanlagen nach. Zwischen künstlichen Stromschnellen und Wasserfällen, Südseepalmen und Bananenstauden können die Urlauber die »schönsten Wochen des Jahres« genießen, ohne aufwendige Flugreisen machen zu müssen. Die nächste Energiekrise kann kommen …

Atmosphäre und Ambiente der neuen Badelust knüpfen an frühe Menschheitsträume an. Es ist die alte Sehnsucht nach Wärme, Wasser und Wohlfühlen, das Lechzen nach persönlicher Lebensqualität. Gefragt bleiben witterungsunabhängige Flanierzonen, wo man bei Regen shoppen, essen gehen oder feiern kann. Dies erklärt auch, warum ich als Initiator und Förderer des Kreuzfahrttourismus gelte. Die Investorengruppe um Horst Rahe und Nikolaus H. Schües hatte 1993 das Kreuzfahrtschiff Arkona erworben. Im Auftrag der Investoren entwickelte ich ein Konzeptgutachten über eine neue Generation von Kreuzfahrtschiffen – AIDA, das Clubschiff, ein Cluburlaub auf dem Wasser – und lieferte die tourismuswissenschaftliche Begründung für das erste neue Schiff (und weitere Schiffe).

Das »Gut«achten soll, so wurde mir später zugetragen, den Ausschlag für die Basisfinanzierung durch Banken gegeben haben. In den Folgejahren blieb ich bis 2012 Gutachter und Berater für die AIDA-Gruppe, die allein zwischen 2007 und 2013 mehr als zwei Milliarden Euro für den Bau und den Betrieb neuer Schiffe bereitstellte. In meinem Gutachten von 1996 stellte ich das AIDA-Konzept »Erlebniswelt auf dem Meer« als Erfolgsformel für die Zukunft dar. Meine Begründung lautete: AIDA »schwimmt« nicht in einem touristischen Trend, sondern »setzt« einen neuen Trend.

Die massenhafte Entdeckung der Erlebniswelt Wasser steht erst noch bevor. Diese Erlebniswelt knüpft an alte Menschheitsträume an: Die Sehnsucht gilt letztlich der »Insel«. Die Insel kann im psychologischen Erleben der Menschen auch ein Schiff sein …

In die Zukunft projiziert, kann dies auch bedeuten: Die Kreuzfahrt findet in ferner Zukunft auf einer Insel statt. Seit Corona und der Umweltkrise gibt es zunehmend Reisen ohne Ziel. Erstmals im Juli 2021 legte in Hongkong die Genting Dream zu einer »Kreuzfahrt nach Nirgendwo« ab. Vollständig Geimpfte und Getestete waren an Bord und drei Tage ohne Landgang unterwegs. Wie auf einer einsamen Insel genügte den Passagieren der Blick auf das offene Meer. Alle waren mobil und blieben doch unter sich. Fast virtuell – nur luftiger und liviger. Ein Ausweg in Dauerkrisenzeiten?

Trotz globaler Umwelt-, Finanz- und Wirtschaftskrisen hat sich die Anzahl der Kreuzfahrtreisenden seit der Jahrtausendwende vervielfacht. Erst die weltweite Pandemie stoppte den Erfolgskurs vorübergehend. Ein kleines Markenzeichen habe ich im Rahmen meiner Beratertätigkeit für AIDA für mich persönlich noch retten können: Auf meinen Vorschlag hin erhielt das erste umweltfreundliche Kreuzfahrtschiff den Namen NOVA – es war der Vorname meiner jüngsten Enkeltochter, die 2011 geboren wurde. Mit dem Namen Nova wird für mich immer eine neue Generation verbunden sein. Das kann auch ein neuer Kreuzfahrttourismus in postpandemischen Zeiten sein. »Neu« ist dabei wörtlich zu nehmen: Die NOVA war das erste umweltfreundliche Kreuzfahrtschiff, von der Meyer Werft in Papenberg gebaut, das mit Flüssiggas (LNG) angetrieben wird. LNG-Antriebe gelten in der Schifffahrt als Brückentechnologie auf dem Weg zur Klimaneutralität. Im Unterschied zu den vorherrschenden Dieselantrieben werden Stickstoff und Feinstaub fast vollständig vermieden, und auch Kohlendioxid wird bis zu 25 Prozent weniger ausgestoßen.

Zur Jahrtausendwende kündigte ich anlässlich des vom Bundesministerium für Wirtschaft und Technologie veranstalteten Fachkongresses »Telekommunikation 2010« den Machern der New Economy Insolvenzen und Entlassungen an und prognostizierte: »Nicht die New Economy, sondern Gesundheit und Lebensqualität werden die Megamärkte der Zukunft sein.« Und so lautete im Jahr 2000 meine Prognose, die das euphorisch gestimmte Management der New Economy verunsicherte: »In der immer älter werdenden Gesellschaft boomen Bio- und Gentechnologien, Pharmaforschung und Forschungsindustrien gegen Krebs, Alzheimer und Demenz sowie gesundheitsnahe Branchen, die Care, Vitalität und Revitalisierung anbieten.« Die neuen Medien sahen bei meiner Voraussage ganz schön alt aus. Da beschwichtigte die Moderatorin Donata Riedel das verunsicherte Plenum mit den Worten: »Danke, Herr Opaschowski. Sie sind immer für eine Provokation gut. Gehen Sie, liebe Gäste, aber bitte jetzt nicht nach Hause und tauschen Ihre Telekommunikationsaktien in solche der Pharmabranche und Gentechnik.«[113] Hätten sie es doch getan: Unmittelbar danach folgte der Absturz der Telekom-Aktien – und der Aufstieg der Gesundheitsökonomie stand unmittelbar bevor. Biontech ließ vorzeitig grüßen …

Realistischerweise muss in der Zukunftsforschung die Frage gestellt werden: Eignet sich die weitere Medienentwicklung überhaupt für präzise Prognosen? Hat sie nicht ihr eigenes Tempo? Web-Zeiten sind wie Hundejahre, sagt man: Ein Jahr im Netz entspricht sieben Jahren in der Wirklichkeit. Die Internetrevolution braucht sicher keine hundert Jahre, um die Welt und unser Leben zu verändern. Aber mit dem Zeitraum von ein bis zwei Generationen müssen wir schon rechnen. Technologisch könnte sicher vieles schneller gehen, aber psychologisch braucht alles seine Zeit. Das künftige Informationszeitalter wird vor allem eine Frage der Verbraucher und erst in zweiter Linie eine Frage der Technik sein. Kurz: Die digitale Revolution stößt an ihre psychologischen Grenzen. »Man fühlt sich förmlich überrollt«, sagt mittlerweile die Mehrheit der Verbraucher. Viele haben Schwierigkeiten, mit dem Tempo der Angebotsvielfalt mitzuhalten.

»Wissen Sie eigentlich, dass Sie mindestens drei Start-up-Unternehmen in der New Economy börsenfähig gemacht haben?«, fragte mich 2002 ein IT-Kongressteilnehmer, nachdem ich über die Ergebnisse meiner Zukunftsstudie »Generation @«[114] referiert hatte. Auf die Frage des Teilnehmers wusste ich keine Antwort und weiß sie bis heute nicht. Die Resonanz auf die Veröffentlichung meiner Studien nehme ich nur begrenzt wahr. Dabei mache ich die persönliche Erfahrung: Kaum sind die Forschungsergebnisse veröffentlicht, melden sich zuerst die Werbeagenturen – und als Letzte die Bundestagsbüros.

Wohl hatte meine erste größere Forschungsstudie mit Prognosen über das künftige Leben im Informationszeitalter 1999 für Furore gesorgt. Die Gesellschaft für deutsche Sprache, eine von der deutschen Kultusministerkonferenz und dem Kulturstaatsminister finanzierte Organisation, erklärte den Ausdruck »Generation @« zum *Wort des Jahres 1999* in Deutschland. Generation @ war die Vision der nächsten Generation zwischen neuen Märkten und neuen Werten: Sie surft in 90 Sekunden um die Welt, telefoniert in allen Lebenslagen, zappt wie im Fernsehen durch das Leben und macht das Heim zum Boxenstopp.

Seit über zwanzig Jahren interessieren mich die sozialen Folgen des Internetzeitalters wie zum Beispiel die Frage: »Verliert die kommende Generation die Lust am Lesen und Schreiben?« Ich erinnere mich an einen Zettel, den ein Student seinem Klausurtext beigefügt hatte: »Ich bitte Sie bei der Korrektur und Benotung zu berücksichtigen, dass ich der von Ihnen so trefflich in Ihrem Buch beschriebenen Generation @ angehöre und fünf Stunden mit der Hand die Klausur schreiben musste. Ich hatte während des Schreibens 3 Handkrämpfe und Lähmungserscheinungen der rechten Hand.« Auf die Notengebung hatten diese Zeilen natürlich keinen Einfluss, stimmten mich aber nachdenklich: Wer wird/will in Zukunft Eltern, Großeltern und Freunden noch handschriftlich längere Briefe schreiben (können)? Wird Bill Gates' Prognose vom Computer als digitalem Nervensystem bald Zukunftswirklichkeit? Oder kommt nach einer Ära digitaler Reizüberflutung das Verlangen nach einer neuen Einfachheit und Natürlichkeit wieder?

Vorausschauend vorbereitet sein:
Nie war ein Nein so Zukunft!

Viele Forschungen über ein Leben in der Welt von morgen fangen bei den Kindern heute an.

»Wer von euch will einmal Superstar werden?« Zweitausend Kinder waren vor zwanzig Jahren im Audimax der Universität Hamburg versammelt, als ich die Eingangsfrage zu meiner Vorlesung im Rahmen eines Kinderuni-Semesters stellte. Gefühlt reckten sich daraufhin mindestens zweitausend Arme in die Höhe. Kurz danach stürzte die Begeisterungswelle jäh ab, als ich nachfragte: »Und wer will Bundeskanzler werden?« Schlagartige Stille im Hörsaal – nur fünf Kinder hoben mutig die Hand. Verständlich. 2003 war das Jahr, in dem »Deutschland sucht den Superstar« zum Satz des Jahres gekürt wurde. Mein Anliegen in der Kinderuni-Vorlesung konnte daher nur sein, den Kindern Mut und Lust auf Zukunft zu machen: »Euch gehört die Zukunft!« In der Vorstellungswelt der Kinder ist zwar die Zukunft auf den ersten Blick weit weg – aber andererseits doch so nah. Denn: »Ihr seid die Zukunft!«

Persönlich habe ich allen Grund zu dieser positiven Aussage. Als Kriegskind im Januar 1941 geboren, hatte die britische Luftwaffe gerade Bremen stundenlang bombardiert, trafen sich Hitler und Mussolini auf dem Obersalzberg und landete Rudolf Heß, der »Stellvertreter des Führers«, mit dem Fallschirm in der Nähe von Glasgow. Der »Fall Barbarossa« (Angriff auf die UdSSR) stand unmittelbar bevor: Die Großoffensive der sowjetischen Truppen hatte schließlich die Massenflucht und -vertreibung zur Folge. Und damit begann meine »Entwurzelung« in den Kriegs- und Nachkriegszeiten – von Beuthen in Oberschlesien bis nach Amberg in der Oberpfalz. Ich wurde ein Flüchtlingskind – und als Vierjähriger an der Heimpforte eines Waisenhauses in Amberg/Oberpfalz abgeliefert. Zehn Jahre meiner Kindheit verbrachte ich als Heimkind.

Räumlich und sozial isoliert hoch oben auf einem Berg über der Stadt gelegen, lebte ich ohne Kontakt zu den Mitschülern der Schule. Eine Nonne führte tagsüber die Aufsicht über dreißig Kinder. Ich selbst habe diese Zeit der Vereinsamung als ganz persönlichen Schmerz erlebt: Ich konnte mich bei keinem Menschen anlehnen oder Schutz suchen. Mit eigenen Ängsten blieb ich ein Jahrzehnt allein – unter lauter Kindern. Ich kannte kein Radio, keine Zeitung und keine Erwachsenengespräche. Vielleicht bin ich erst mit der Gründung einer eigenen Familie erwachsen geworden. Und nicht zufällig ist Vertrauen (als Gegenbegriff zur Vereinsamung) ein Schlüsselbegriff meiner Forschung geworden.

Zugleich aber hat das jahrelange Rund-um-die-Uhr-Zusammenleben mit anderen Kindern meinen Sinn für Gemeinschaft gestärkt.

Sozialkompetenz lernte ich beinahe spielend in der Gemeinschaft. Die Schule des Lebens fand für mich nicht nur in der Schule statt. Krippen-, Kita- oder Schlüsselkinder müssen nicht am Leben vorbeileben. Sie entwickeln soziale Fähigkeiten, die man bei »overprotected«-Einzelkindern von sogenannten Helikopter-Eltern nicht selten vermisst. Meine im Alter von vier Jahren beginnende »Heimkarriere« endete erst zehn Jahre später nach wechselnden Heimunterbringungen in Köln. Im Alter von elf Jahren lag ich einmal drei Wochen lang im Krankenhaus. Außer dem Krankenhauspfarrer besuchte mich niemand. Entbehrung von sozialer Wärme war mein ständiger Begleiter. *Ich weiß, was soziale Kälte ist.*

Wenn ich ehrlich bin, fing ich erst mit Elke, meiner Frau, richtig zu leben an. Mit ihr bekam das Leben plötzlich eine emotionale Sinnperspektive. Wir lernten uns als Schüler im Jugendherbergsturm der Insel Wangerooge kennen. Seinen sichtbarsten Ausdruck fand der neue Beziehungsreichtum vor unserer Heirat in Hunderten von handschriftlichen Briefen zwischen uns, die heute noch vorhanden sind. Und mit der Geburt unserer Kinder Alexander 1969 und Irina 1972 war mein und unser Glück perfekt. Mehr als ein halbes Jahrhundert bin ich mit meiner Frau verheiratet. Ich bin ehrlich: Während die Vereinbarkeit von Familie und Beruf als ungelöstes Problem noch immer auf der gesellschaftspolitischen Agenda steht, leben wir sie seit fünfzig Jahren: Meine Frau ist bis heute die größte Förderin und Kritikerin meiner Forschungsarbeit. In fünfzig Jahren hat sie fünfzig handschriftlich geschriebene Buchmanuskripte für die Verlage druckfertig erstellt – erst mit der mechanischen Schreibmaschine »Monika« über die Kugelkopfmaschine bis zum PC.

Im Zentrum meiner Forschungs- und Publikationstätigkeit stand immer die (Vor-)Sorge um das Leben kommender Generationen. Zwei Jahrzehnte vor der Vorlesung in der Kinderuni war ich im Auftrag des Bundeswirtschaftsministers auf der systematischen Suche nach der Welt von morgen: Unter dem Titel »One, two, three – Germany«

zeichnete ich konzeptionell verantwortlich für den amtlichen Beitrag Deutschlands auf der Weltausstellung 1986 in Brisbane/Australien. Und in den Neunzigerjahren bereitete ich als Kurator und Jurymitglied die Expo 2000 in Hannover vor – wenn auch mit viel Gegenwind und Widerstand des Kuratoriums. Ich fühlte mich seinerzeit als Anwalt der Interessen und Bedürfnisse der nächsten Generation. »Wir sind doch keine Bedürfnisanstalt«, wurde mir in einer Vorbereitungssitzung entgegengehalten. Für die Vertreter von Politik und Wirtschaft war eine Industrieschau im Sinne von »Made in Germany« vorrangiger. Die Folge einer solchen Priorisierung ließ nicht lange auf sich warten. Statt der erwarteten 40 Millionen Besucher kam nur die Hälfte.

Meine jahrzehntelange Zukunftsforschung erinnerte mich erstmals 1998 in meinem Buch *Feierabend? Von der Zukunft ohne Arbeit zur Arbeit mit Zukunft!* an die Zeiten eines Galileo Galilei im 17. Jahrhundert. Er gilt als der Begründer einer modernen, auf Erfahrung beruhenden Physik. 1609 konstruierte er ein Fernrohr, mit dem er erstmals Sonnenflecke und Jupitermonde entdeckte und damit in Konflikt zur herrschenden Kirche geriet. Sein Ausspruch »Eppur si muove« (»Und sie« – die Erde – »bewegt sich doch«) stellte alle damaligen Glaubenssätze infrage. Bertolt Brecht hat diesen Konflikt in seinem Theaterstück *Leben des Galilei* beschrieben: Galilei wollte einem Philosophen und dem Großherzog von Toscana durch einen Blick in sein Fernrohr die Existenz der Jupitermonde beweisen. Beide lehnten diesen Blick jedoch kategorisch ab und verlangten stattdessen einen formalen Disput. Der eine über die Frage, ob solche Sterne überhaupt existieren könnten, und der andere über die Frage, wem sie nützen würden, falls sie existierten. Und auf Galileis Gegenfrage, was sie denn zu tun gedächten, wenn die sowohl nicht existenten wie unnützen Sterne nun aber doch im Fernrohr zu sehen seien, haben beide geantwortet: Dann muss es wohl an dem Fernrohr liegen.

MEIN GENERATIONENVERMÄCHTNIS

Unbequeme Wahrheiten werden auch im 21. Jahrhundert oft verdrängt und verleugnet, was meinen Forschungselan nicht verhindert. Von dem Philosophen Karl Raimund Popper ist der Satz überliefert: »Ideen können Berge versetzen.«[115] Doch was sind »Berge« im Laufe von fünfzig Jahren in der Zukunftsforschung? Auf den römischen Dichter Horaz geht die Aussage zurück: »Die Berge kreißen – und ein lächerliches Mäuslein wird geboren« (»Parturient montes, nascetur ridiculus mus«). Ist dies vielleicht ein Grund zur Resignation? Nein. Aber Demut und Bescheidenheit sind für mich in der Zukunftsforschung genauso wichtig wie Zuversicht und positives Fortschrittsdenken. Das aber braucht Zeit.

Ich habe die Erfahrung machen müssen, dass in meinen Zukunftsprojektionen der Zeitfaktor nicht immer hinreichend berücksichtigt wurde. Heute weiß ich: Die Zukunft hat keine Stunde. Augustinus hat einmal in seinen Bekenntnissen (»confessiones«) vom Moment eines zitternden Augenaufschlags gesprochen. Was also sind dreißig, vierzig oder fünfzig Jahre? 1985 hatte ich beispielsweise den Klimawandel und seine Folgen in den düstersten Farben beschrieben: »Eine ökologisch-ökonomische Zeitbombe tickt.«[116] Ich kritisierte die rücksichtslose Ausbeutung der Natur in drastischen Worten im Hinblick auf die weitere Zukunft: »Die Alpen – Europas größte Müllhalde. Die Flüsse – Europas größte Kloaken. Die Meere – der Welt größte Giftdeponien.« Zu Ende gedacht, endeten meine Schreckensszenarien des Klimawandels aus den Achtzigerjahren in der Zukunftsvision »Null Natur«.

Das war Alarmismus pur. Heute weiß ich meine Horrorvisionen zu relativieren: Klimawandel ist ein Prozess – wie sozialer Wandel auch. Klimawandel gab es vor fünfzig Jahren – und Klimawandel wird es in fünfzig Jahren auch noch geben. Meine Diagnose von 1999 »Die Erde wird wärmer. Klimazonen verschieben sich. Gletscher schmelzen. Der Meeresspiegel steigt. Und der Treibhauseffekt kann das Ökosystem zum Kippen bringen«[117] wird auch im Jahr 2073 noch realistisch sein. Seit Tschernobyl, Golfkrieg, 11. September, Finanzkrise, Fukushima, Corona und dem Ukrainekrieg ist die Krisenwelt eine

Welt der Normalität geworden, auch wenn Pandemie und Ukraine-krieg subjektiv als Extremfälle empfunden werden und die obligatorische Klage laut wird: »Es wird nie wieder so, wie es war …« Was danach folgt, ist kein »neues«, sondern ein »altes« Normal, so wie auf den Winter der Frühling folgt.

Die Deutschen wollen auch in anhaltenden Krisenzeiten gut leben können – auf einem Fundament der Sicherheit. Hinter diesem Sicherheitsbedürfnis der Bevölkerung verbergen sich auch Angstgefühle, auf die die Politik frühzeitig reagieren muss, wenn sie nicht zum Nährboden für Unzufriedenheit oder soziale Unruhen werden sollen. Damit nicht wie bei der Gaskrise im Extremfall eine gesellschaftliche »Alarmstufe« ausgerufen werden muss, sollte im Interesse der kommenden Generationen auch politisch über die Einführung eines Zukunftssicherungsgesetzes nachgedacht werden.

»Langsam, aber sicher« – das soll aus der Sicht des Auslands eine besondere Eigenart der Deutschen sein. Eine Form der Gelassenheit, die Krisen abfedert und Zurückhaltung gegenüber Innovationen und Risiken pflegt. Schnell scheitern scheint in Deutschland kaum möglich zu sein, weil sich das Land in Politik, Wirtschaft und Gesellschaft weitgehend zwischen Vorsicht und Abwägung bewegt. Eine solche Vorgehensweise beruhigt – die Bevölkerung. Was der Engländer John Kampfner als »deutschen Weg« beschreibt, gleicht einer Politik der ruhigen Hand. Trotz Klima, Krise und Krieg macht Deutschland seiner Ansicht nach den »Eindruck eines entspannten Landes«.[118] Die britische Quintessenz »The Germans do it better« ist sicher idealisiert, erklärt aber das Erfolgsgeheimnis bei der Krisenbewältigung: Stabilität für das Land und Sicherheit für die Leute. Nur so ist es zu erklären, dass nach den OIZ-Erhebungen »Stabilität & Sicherheit« in der Bevölkerung einen so hohen Stellenwert im Leben haben (84 Prozent), während »Konsumieren & Geldausgeben« im November 2022 (64 Prozent) fast nachgeordnet erscheinen.

Der Leitwert Freiheit muss deshalb nicht in Gefahr geraten, nur weil der Philosoph Sloterdijk befürchtet, dass aus den deutschen Freiheitsaposteln in naher Zukunft »Sicherheitsuntertanen«[119] werden könnten.

Wichtiger als das bloße Faktum in ferner Zeit ist das frühzeitige Vorbereitetsein, um problematische Folgen mildern oder stoppen zu können. Als Zukunftsforscher empfehle ich daher weder Tempolimit noch Flug- oder Sonntagsfahrverbote, sondern setze auf sanfte Technologien und den verantwortungsvollen Umgang der Menschen mit Natur und Umwelt. Aus der Anschauungsweise soll eine Lebensweise werden – mit Unterstützung von Medien und Politik.

Der ehemalige Bundesfinanzminister Wolfgang Schäuble wurde einmal danach gefragt, wie eigentlich wissenschaftliche Erkenntnisse im politischen Entscheidungsprozess umgesetzt werden. Seine Antwort war ernüchternd: Das Wissen von Experten werde lediglich »als Argumentationshilfe gebraucht – aber nie umgesetzt, schon gar nicht eins zu eins«. Die Informationen werden als Einzelteile zu einem Brei »verhäckselt« – als Mittel zum Zweck und nicht als Navigationssystem. Seine Begründung dafür lautete: »Sie können politische Entscheidungen nicht an die Wissenschaft abtreten.«[120] Das ist die politische Realität: Politiker bleiben gegenüber der Zukunfts- und Prognoseforschung relativ beratungsresistent.

Gerade in anhaltenden Krisenzeiten müssen Politiker gegenüber der Zukunftsforschung mehr Kommunikations- und Dialogbereitschaft signalisieren. Wir brauchen in Zukunft beides: Vorausschau durch Forschung und Vorsorge durch Politik. Im Idealfall: vorausschauende und vorsorgende Politik als Synonym für Nachhaltigkeit. Parteien und Politiker sollten aufhören, nur in Kategorien vierjähriger Wahlperioden zu denken. Die Politik muss sich vom Legislaturdenken verabschieden. Statt kurzfristigem Reagieren sind langfristiges Denken, weitsichtige Planung und couragierte Entscheidungen erforderlich. Denn: Wähler wollen verlässliche Orientierungen und Perspektiven.

Ein Umdenken tut not. Die Bevölkerung muss mehr Zukunftshunger beweisen und weniger in Zukunftsangst verharren, damit auch kommende Generationen eine lebenswerte Zukunft erwarten können. Die Gesellschaft braucht Visionen, die Politik auch. Ohne Visionen kann es keine langfristigen Konzepte geben, die das Vertrauen der Bürger in die Zukunftsfähigkeit der Gesellschaft rechtfertigen. Visionen sind keine Illusionen: Illusionen kann man zerstören, Visionen nie.

Meine fünfzig Jahre Forschung für Politik, Wirtschaft und Gesellschaft haben Zukunftswissen und Zukunftsdenken in Deutschland gefördert – mit einem pragmatischen Ziel, wonach in der Demokratie jedem gestaltenden Schritt ein Mehrheiten beschaffender Prozess vorausgehen muss. Nach diesem Prinzip verfuhr erfolgreich der Politiker Helmut Schmidt. Das ist auch mein Leitfaden für diese Abhandlung gewesen. Alles, was ich in dieser Zukunftsstudie als empirisch abgesicherte Richtung vorgebe, ist mehrheits›fähig‹, wenn auch nicht mehrheits›wirklich‹, weil mit jeder Vision und gesellschaftlichen Innovation auch eine Kritik am Bestehenden verbunden ist, für das insbesondere Politiker Verantwortung tragen. Die Vorstellung, Politiker könnten dafür haftbar sein oder gar real in Haft genommen werden, verunsichert und löst Widerstände und Gegenwehr aus. Veränderungen brauchen Überzeugungskraft, Zeit und Geduld. Auf dem Weg in die Welt von morgen kann deshalb auch ein massives Nein die Tür zu einer lebenswerten Zukunft öffnen. Zwischen dem »Atomkraft? Nein danke« der Siebzigerjahre und dem Fridays-for-Future –»Nein zum Klimanotstand« liegen zwar fünfzig Jahre. Aber das Anliegen bleibt unverändert aktuell:»Nie war ein Nein so Zukunft!«

Nachwort

Als der Schriftsteller Aldous Huxley in den frühen 1930er-Jahren seinen utopischen Roman *Schöne neue Welt* schrieb, war er davon überzeugt, dass wir noch viel Zeit hätten bis zum 6. oder 7. Jahrhundert n. F. (nach Ford), bevor seine Utopie Wirklichkeit werde. Doch schon siebenundzwanzig Jahre später musste er feststellen, dass seine Zukunftsvision viel früher wahr werden würde, als er gedacht hatte.[121] Die Utopie von damals war von der Realität der Gegenwart eingeholt und überholt worden. So fühle ich mich gerade bei der Fertigstellung dieses Manuskripts: Im Zeitalter extremer Dauerkrisen ist nichts fertig und nichts zu Ende. Empirie und Fantasie, Analyse und Prognose können in bewegten Zeiten mitunter nur Momentaufnahmen sein, geben erste Antworten auf die Fragen: »Wie geht es gerade?« und »Wie geht es weiter?« Schnelllebig und vielfältig sind die Veränderungen von Land und Leuten. Warnsignale und grüne Lichter wechseln einander ab und zwingen zu ausgewogenen und mutigen Urteilen.

Auf längere Sicht verändern sich die Lebensprioritäten der Deutschen grundlegend. Denn nichts wird auch in Zukunft stetiger als der Wandel sein: Strukturwandel, demografischer Wandel, Anspruchswandel, Wertewandel, Klimawandel. Was kommt noch alles auf uns zu? Ein Zeitalter der Megabedrohungen Roubini'schen Ausmaßes oder eine längere Phase neuen Wohlstands und Wohlergehens?[122]

Schaffen wir den Spagat zwischen Wunsch und Wirklichkeit, wenn wir die richtigen Weichen stellen? In kaum einem Forschungsbereich ist die Fallhöhe vom Gipfel des Wünschbaren auf den Boden des Realen so groß wie in der Zukunftsforschung. Sandrine Dixson-Declève, die Präsidentin des Club of Rome, gab 2023 auf die Frage, ob sie in ihrer Arbeit Optimistin, Utopistin oder Realistin sei, die Antwort: »Realistischer Optimist.«[123] Was den Club of Rome bei all seinen Warnungen seit Jahrzehnten mit meiner Arbeit eint, ist das Prinzip Hoffnung. Trotz aller Krisen versuche ich, der Zukunftsentwicklung etwas zuversichtlich-Positives abzugewinnen, »Realismus mit Bodenhaftung« also.[124] Es führt kein Weg an Problemanalysen und Lösungsansätzen vorbei:

Der Klimawandel bleibt noch jahrzehntelang auf der Tagesordnung: Die Umweltbedrohung eskaliert in regelmäßigen Schüben und bleibt gefangen im Auf und Ab der Zeitströmungen und Wirtschaftsentwicklungen. Die Erfahrung der letzten Jahrzehnte zeigt: Ist beispielsweise der Wohlstand gefährdet, stagniert oder sinkt das Interesse der Bevölkerung an Umweltfragen (2019: 83 Prozent – 2023: 79 Prozent).

Es droht die größte Wohnungsnot seit der Nachkriegszeit: Die Verlierer der des neuen Jahrzehnts des Wohnungsmangels werden die Bewohner im ländlichen Raum sein. Eine neue Landflucht kann die Folge sein. Insbesondere Singles, Alleinstehende sowie die 50plus-Generationen klagen über »immer weniger bezahlbaren Wohnraum«. Wartet dieses Schicksal auf eine wachsende Zahl von Menschen?

Wir müssen mehr in Zukunfts-Szenarien denken: Polykrisenzeiten erfordern mehr als nur einen Plan B. Das Spektrum von Best-Case bis zu Worst-Case-Szenarien wird immer vielfältiger und fordert zu problemlösendem Handeln in Varianten und Alternativen heraus. Ehemals eindimensionale Wahlversprechen reichen als Zukunftsperspektive längst nicht mehr aus.

Wir brauchen einen Deutschlandplan 2030: Auf dem Höhepunkt der Polykrise von Corona, Klimawandel und Ukrainekrieg muss ernsthafter über eine nationale Sicherheitsstrategie nachgedacht werden. Was Gesellschaft und Politik von der Zukunftsforschung lernen können, ist die strategische Vorausschau, mit der man sich frühzeitig wappnen und mögliche Worst-Case-Szenarien und ihre Folgen ›durchspielen‹ kann.

Qualitative Indikatoren müssen das BIP als Fortschrittsmaß-stab ergänzen: In einer Ära stagnierenden und sinkenden materiellen Wohlstands setzt ein Umdenken in der Bevölkerung ein:»Genug ist genug.« Es entwickeln sich neue immaterielle Lebensprioritäten. Für 77 Prozent der Deutschen ist»Besser leben statt mehr haben« das erstrebenswerteste Lebensziel für die Zukunft geworden. Die Mär vom Immer-Mehr ist vorbei.

Meinungsführer sind mehr gefordert: Politiker, Manager, Künstler und Multiplikatoren müssen sich offensiver und öffentlicher für ein positives Sozialklima, Gemeinsinn und sozialen Zusammenhalt einsetzen und sich Gehör verschaffen. In der deutschen Gesellschaft mangelt es bisher an positiven Projekten mit Beispielcharakter im Nahbereich von Familie, Nachbarschaft und Gemeinwesen.

Der Wertewandel verstärkt den Wunsch nach einem besseren Leben für alle: Ein *New way of social life* wird den Mythos vom »Wachstum um jeden Preis!« durch eine Rückbesinnung auf ein urmenschliches Bedürfnis biblischen Ausmaßes ersetzen: Alle sollen morgen besser leben können, reich an Erfahrungen und Beziehungen.»Auf dass es dir wohlergehe« ist das Zukunftsversprechen für die kommenden Generationen. Der NAWI-D 2023 belegt nachweislich: materielle Eigentumswünsche wie Haus, Wohnung und Auto im Vergleich zur Vor-Corona-Zeit verlieren an Bedeutung, während soziale Werte, wesentlich mehr zum Wohlergehen und »gefühlten Wohlstand« beitragen.

Vor der Krise waren in Deutschland Themen wie Frührente und Veggiedays, Fahrradstraßen und autofreie Innenstädte gefragt. Was werden die Herausforderungen der nahen Zukunft sein: Flexirente und Freiwilliges Soziales Jahr, Wohlstandsverluste und Altersarmut oder Beziehungsreichtum und neuer Zeitwohlstand? Wir können die Zukunftsgestaltung nach menschlichem Maß selbst in die Hand nehmen und uns – wie schon unsere Elterngenerationen – von der Agenda leiten lassen: Unseren Kindern darf es in Zukunft nicht schlechter gehen!

Dank

Dieses Buch hat eine fünfzigjährige Lebensgeschichte – ganz persönlich und beruflich auch. Nach dem Sohn Alexander (Jahrgang 1969) wurde 1972 unsere Tochter Irina geboren. Dieses Doppelglück der zwei Kinder wollten meine Frau Elke und ich festhalten und mit Leben füllen. Wir fassten gemeinsam einen folgenschweren Entschluss: Die Familie sollte fortan im Zentrum unseres Lebens stehen. Meine Frau – im gehobenen Dienst verantwortlich tätig – kündigte ihren Status als Beamtin auf Lebenszeit – für immer! Seit fünfzig Jahren ist sie für die Familie und unser gemeinsames Forschungsbüro da. Lebensgemeinschaft und Forschungsallianz ergänzen sich bis heute. Die Widmung des Buches »Für Elke, mit der meine Zukunft begann« bringt dies mit Wertschätzung und Hochachtung zum Ausdruck.

Zeitgleich arbeite ich seit den Siebzigerjahren mit dem Ipsos-Institut zusammen. Die Kooperationspartnerschaft mit Gudrun Witt, Sigrid Möller und Hans-Peter Drews hat sich als Erfolgsmodell bewährt. Dem Ipsos-Team schulde ich für jahrzehntelange vertrauensvolle Zusammenarbeit großen Dank. Besonderer Dank gilt auch meinem Motivator und Förderer der Buchprojekte Thomas Schmitz sowie dem Team des Kösel-Verlags, die mich zu diesem Buchvorhaben ermutigt und mit Anregungen und Kritik begleitet haben. Bedanken möchte ich mich bei Ulrich Reinhardt für die Bereitschaft und sein Engagement, die Nachfolge als Wissenschaftlicher Leiter der BAT Stiftung für Zukunftsfragen zu übernehmen. Dank schulde ich auch meinem Enkel Julius für seine spontane Hilfsbereitschaft: »Wo drückt der PC-Schuh?« Ich setze auf die nachfolgende Generation, die nicht aufhört, offene Fragen zu stellen, um ein besseres Leben für die Welt von morgen vorzubereiten.

Quellenverzeichnis

1 Sachverständigenrat zur Begutachtung der gesamtwirtschaftlichen Entwicklung (Hrsg.): Jahresgutachten 1975/76, Ziffer 294

2 Voltaire: *Die Werke*. Wiesbaden 1994

3 Kant, I.: *Gesammelte Schriften*. Bearb. v. D. Krallmann / H. A. Martin. Berlin 1967

4 Rousseau, J.-J.: *Schriften zur Kulturkritik*. Hrsg. v. K. Weigand. Hamburg 1964

5 OIZ / Opaschowski Institut für Zukunftsforschung: Repräsentativumfragen 2019, 2020, 2021, 2022 und 2023. Hamburg 2023

6 Opaschowski, H.: *Deutschland 2020. Wie wir morgen leben – Prognosen der Wissenschaft*. Wiesbaden 2004, S. 649

7 Ebenda, S. 465 f.

8 Ipsos/Opaschowski: NAWI-D / Nationaler Wohlstandsindex für Deutschland 2012 bis 2023. Hamburg 2023

9 Horx, M.: *Die Hoffnung nach der Krise*. Berlin 2021, S. 55

10 Bloch, E.: *Das Prinzip Hoffnung*. Frankfurt/M. 1959

11 Horst Opaschowski: »Freie Zeit ist Bürgerrecht«. In: *Aus Politik und Zeitgeschichte*. Beilage zur Wochenzeitung *Das Parlament* Nr. 8 40 vom 05.10.1974, S. 38

12 Kennedy, R. F.: Speech in the University of Kansas, 18.03.1968 (MR 89–34 / John F. Kennedy Presidential Library); *https:// www.jfklibrary.org/learn/about-jfk/the-kennedy-family/robert-f-kennedy/robert-f-kennedy-speeches/remarks-at-the-university-of-kansas-march-18–1968* (letzter Abruf 27.10.2022)

13 Alemann, U. von et al.: »Die Bürger sollen es richten«. In: *Aus Politik und Zeitgeschichte*, Jg. 61, H. 44/45 vom 31.10.2011, S. 26

14 Galbraith, F. K.: *Die moderne Industriegesellschaft*. München 1967

15 Easterlin, R. A.: »Does Economic Growth Improve the Human Lot?« In: P. A. David / M. Reder (Hrsg.): *Nations and Households in Economic Growth*, New York 1974, S. 89–125

16 Easterlin, R. A. et al.: »The happiness-income paradox revisited«. In: *Proceedings of the National Academy of Sciences* (2010); s. a. *https://doi.org/10.1073/ pnas.1015962107* (letzter Abruf 26.10.2022)

17 Scitovsky, T.: *Psychologie des Wohlstands (The Joyless Economy, 1976)*. Frankfurt/ Main, New York 1977

18 Ebenda

19 Brockhaus. Die Enzyklopädie: Bd. 24, Leipzig/Mannheim 1999, S. 320

20 Opaschowski, H.: *Wohlstand neu denken*. Gütersloh 2009

21 Ipsos/Opaschowski: NAWI-D 2022

22 Rürup, B./D. Heilmann: *Fette Jahre – Warum Deutschland eine glänzende Zukunft hat.* München 2012

23 Erhard, L.: *Wohlstand für alle* (1957). Köln 2009, S. 27

24 OIZ 2022

25 Klein, N.: *No Logo! Der Kampf der Global Players um Marktmacht.* München 2002, S. 460

26 Giordano, P.: *In Zeiten der Ansteckung.* Hamburg 2020

27 Art. 21 Abs. 1 GG; *https://www.gesetze-im-internet.de/gg/art_21.html* (letzter Abruf 26.10.2022)

28 BUND/Misereor (Hrsg.): *Zukunftsfähiges Deutschland.* Basel/Boston/Berlin 1996, S. 278

29 Opaschowski 2004, S. 17

30 Shafik, M.: *Was wir einander schulden. Ein Gesellschaftsvertrag für das 21. Jahrhundert.* Berlin 2021, S. 12

31 Opaschowski, H.: *Zehn Jahre nach Orwell.* Herne 1994, S. 66 und 79

32 OIZ Repräsentativumfragen 2021/2022

33 Beck, U.: »Die uneindeutige Sozialstruktur«. In: U. Beck / P. Sopp (Hrsg.): *Individualisierung und Integration.* Opladen 1997, S. 195

34 Siehe Interview mit Robert Habeck. In: *heute-journal* v. 30.03.2022; *https://www.zdf.de/nachrichten/heute-journal/heute-journal-vom-30-maerz-2022–100.html* (letzter Abruf 15.12.2022)

35 Siehe Hackenbruch, F. und Monath, H.: »Drehen die Heizung einfach abends ab« Winfried Kretschmann heizt seit dem Ukrainekrieg weniger. In: *Tagesspiegel Online* vom 10.04.2022; *https://www.tagesspiegel.de/politik/winfried-kretschmann-heizt-seit-dem-ukrainekrieg-weniger-8019469.html* (letzter Abruf 15.12.2022)

36 Opaschowski, H.: *Konfliktfeld Deutschland. Die Zukunftssorgen der Bevölkerung* (BAT-Studie). Hamburg 2002, S. 8

37 UNO-Entwicklungsprogramm: »Bericht über die menschliche Entwicklung«. Hrsg. von der Deutschen Gesellschaft für die Vereinten Nationen. Bonn 2002

38 Kegler, H.: »Mehr als Sehnsucht nach der alten Stadt. New Urbanism in den USA«. In: *Die Alte Stadt* 4 (1998), S. 335–346

39 Siebel, W.: »Ist Urbanität eine Utopie?« In: *Geographische Zeitschrift,* 87. Jahrgang, Heft 2 (1999), S. 116–124

40 Wüst, Th.: *Urbanität: Ein Mythos und sein Potential.* Wiesbaden 2004

41 Galbraith, J. K.: *Die moderne Industriegesellschaft.* München 1967, S. 13

42 Keim, R.: »Empowerment gegen Ausgrenzung«. In: D. Bukow/F. Yildiz (Hrsg.): *Der Umgang mit der Stadtgesellschaft.* Opladen 2002, S. 171

43 Rifkin, J.: *Access. Das Verschwinden des Eigentums.* Frankfurt/M. 2000

44 Welter, R.: »Solidarische Marktwirtschaft durch Grundeinkommen«. Hrsg. Diözesanverband der KAB Aachen, Aachen 2003, S. 218

45 Papier, H.-J.: Papier warnt vor Glokalisierung (Pressemeldung). In: *Welt Print* vom 23. März 2007, S. 2

46 Collectif Charles Fourier (Hrsg.): »L'allocation universelle«. In: *La Revue Nouvelle,* Jg. 81 (1985), S. 345–351

47 Havel, V.: Vorwort. In: T. Sedlácek: *Die Ökonomie von Gut und Böse.* München 2012, S. 9–11

48 Layard, R.: *Die glückliche Gesellschaft.* Frankfurt/M. 2005, S. 168

49 O.V.: »Firmen-Mentor kritisiert: ›Gott weiß, was Facebook mit den Gehirnen unserer Kinder macht‹«. In: FAZ.NET v.

10.11.2017; *https://www.faz.net/aktuell/ wirtschaft/digitec/sean-parker-ueber- facebooks-nutzer-manipulation-15286051. html* (letzter Abruf: 15.12.2022)

50 Nahles, A., *SPIEGEL*-Gespräch: »Schröder macht mir keinen Stress«. In: *DER SPIEGEL* vom 09. März 2014, S. 69

51 Opaschowski, H. W.: *Leben zwischen Muss und Muße. Die ältere Generation.* Hamburg/Frankfurt/M. 1998

52 Rifkin, J.: *Access. Das Verschwinden des Eigentums.* Frankfurt/M. 2007

53 Willke, G.: *Die Zukunft unserer Arbeit.* Frankfurt/M.-New York 1999, S. 218

54 Mückenberger, U.: »Arbeitnehmer: Bürger im Betrieb«. In: D. Schulte (Hrsg.), *Arbeit der Zukunft.* Köln 1996, S. 210

55 Handy, Ch.: *Die anständige Gesellschaft.* München 1998, S. 197

56 Snower, D.J.: »Rückbesinnung auf Unternehmenswerte«. In: *Missler,* Januar 2010, S. 2

57 Opaschowski, H.: *Deutschland 2010. Voraussagen der Wissenschaft zur Zukunft unserer Gesellschaft.* Wiesbaden 1997, S. 183

58 Opaschowski, H.: *Deutschland 2020.* Hamburg 2004, S. 18

59 Nassehi, A.: »Die Chancen, die Weltkrisen bieten«. In: *DER SPIEGEL* Nr. 14 vom 1. April 2022, S. 108

60 Opaschowski, H.: 2004, S. 129

61 Di Fabio, U.: *Coronabilanz: Lehrstunde der Demokratie.* München 2021, S. 5 und 104

62 Taleb, N. N.: *Antifragilität. Anleitung für eine Welt, die wir nicht verstehen.* München 2013

63 Schwedler, W.: »Lauern aufs Stichwort«. In: *DIE ZEIT* Nr. 50 vom 7.12.1984, S. 79

64 Opaschowski, H.: *Generation @. Die Medienrevolution entlässt ihre Kinder.* Hamburg 1999a

65 Emcke, C.: *Gegen den Hass.* Frankfurt/M. 2016

66 Heyer, J. A.: »Scheiße, was mache ich eigentlich Weihnachten?« In: *DER SPIEGEL* Nr. 53 vom 23. Dezember 2020, S. 34

67 Spahn, J.: »Keine Pflegeversicherung der Welt kann eine Familie ersetzen«. In: *DER SPIEGEL* Nr. 18 vom 27.4.2018

68 Schumacher, H.: *Restlaufzeit.* Köln 2014

69 Putnam, R.D: *Bowling Alone.* New York 2000

70 Priller, E. / Zimmer, A.: »Zukunft des Dritten Sektors in Deutschland«. In: H. K. Anheier et al. (Hrsg.): *Der Dritte Sektor in Deutschland.* Berlin 1997, S. 260 ff.

71 Opaschowski, H.: *Freizeit und Umwelt. Ansätze für Veränderungen in der Zukunft.* Hamburg 1985, S. 3

72 Ipsos/Opaschowski: NAWI-D, Hamburg 2023

73 Schnetzer, S. / Hurrelmann, K.: »Jugend in Deutschland (JiD)«. Trendstudie: Winter 2022/23. Vgl. *STERN* Nr. 25 vom 15. Juni 2022, S. 21–31

74 Petrarca, F.: *Briefe.* Übers. v. H. Nachod u. P. Stern. Berlin 1931

75 De Saussure, H. B.: *Kurzer Bericht von einer Reise auf den Gipfel des Mont Blanc.* Strasbourg 1788, Neuauflage 1928

76 Milliet, E. W.: »Die schweizerische Landschaft als Grundlage der Fremdenindustrie«. In: *Zeitschrift für schweizerische Statistik und Volkswirtschaft,* Jg. 59, Bern 1923, S. 3–30

77 Stephen, L.: *The Playground of Europe.* London 1971

78 Holzapfel, H.: »Spuren der (auto-)mobilen Gesellschaft im Raum«. In: Tourismusverband Seefeld (Hrsg.): *Verkehrsforum Seefeld.* Seefeld 1995, S. 218

79 Packard, V.: *Die ruhelose Gesellschaft.* München 1975

80 Ortega y Gasset, J.: *Der Aufstand der Massen.* Reinbek 1979

81 Beck, U.: *Risikogesellschaft. Auf dem Weg in eine andere Moderne.* Frankfurt/M. 1986

82 Diekmann, A. / Preisendörfer, P.: »Persönliches Umweltverhalten«. In: *Kölner Zeitschrift für Soziologie und Sozialpsychologie* 44/2 (1992), S. 226–251

83 Garhammer, M.: *Wie Europäer ihre Zeit nutzen.* Berlin 1999, S. 177

84 Schertler, W.: »Konzeptionelle Grundlagen für ökologieorientiertes Management im Tourismus«. In: K. Köhler / W. Schertler (Hrsg.): *Touristisches Umweltmanagement.* Limburgerhof 1993, S. 15 ff.

85 Maier, H.: »Wege zur Nachhaltigkeit«. In: G. Altner et al. (Hrsg.): *Jahrbuch Ökologie 1999.* München 1998, S. 53

86 Gleich, M.: *Mobilität: Warum sich alle Welt bewegt.* Hamburg 1998. Vgl. auch Opaschowski, H.: *Umwelt. Freizeit. Mobilität.* Opladen 1999, S. 259

87 »Mit der Zukunft wettet man nicht« (Interview von Marco Evers mit Mojib Latif). In: *DER SPIEGEL* Nr. 21 vom 24.05.2022, S. 95

88 Opaschowski, H.: »500 Autofahrer im Test«. In: ders.: *Umwelt. Freizeit. Mobilität.* 2. Aufl., Opladen 1999, S. 85–115

89 Vgl. Bargel, V. I. et al.: »Volle Züge, volle Straßen«. In: *DER SPIEGEL* Nr. 26 vom 25.06.2022, S. 41

90 Schahn, J. / Giesinger, Th.: *Psychologie für den Umweltschutz.* Weinheim 1993, S. 47 f.

91 Opaschowski, H.: *Freizeit und Lebensqualität. Perspektiven für Deutschland.* Hamburg: BAT Institut 1993, S. 6

92 Opaschowski, H.: *Der Deutschlandplan. Was in Politik und Gesellschaft getan werden muss.* Gütersloh 2011, S. 48

93 Enzensberger, H. M.: *Ach Europa! Wahrnehmungen aus sieben Ländern.* Frankfurt/M. 1987, S. 61

94 »Der Kirche ist das Mysterium verlorengegangen« (Interview mit Kardinal J. Meisner). In: *DIE WELT* vom 5.7.1999, S. 6

95 Putnam, R. D.: *Bowling Alone.* New York 2000

96 Allman, J.: »Parenting and survival in anthropoid primates: Caretakers live longer«. In: *Proceedings of the National Academy of Sciences of the United States of America* 95 Nr. 12 (1998), S. 6866–6869

97 Klein, St.: *Der Sinn des Gebens.* Frankfurt/M. 2011

98 Sennett, R.: *Der flexible Mensch. Die Kultur des neuen Kapitalismus.* Berlin 1998

99 Felixberger, P.: Rezension zu H. Opaschowski: Wohlstand neu denken. In: *Süddeutsche Zeitung* vom 17.10.2009

100 Opaschowski, H.: »Freie Zeit ist Bürgerrecht. Plädoyer für eine Neubewertung von ›Arbeit‹ und ›Freizeit‹«. In: *Aus Politik und Zeitgeschichte* (Beilage zur Wochenzeitung *Das Parlament* B 40/74), Bonn, 05.10.1974, S. 32

101 Siehe »Habeck für flexiblen Renteneintritt: ›Wer will, soll länger arbeiten dürfen‹«. In: *tagesschau* v. 21.02.2022; *https:// www.tagesschau.de/inland/habeck-renteneintrittsalter-101.html* (letzter Abruf 15.12.2022)

102 Vgl. Opaschowski, H.: *Soziale Arbeit mit arbeitslosen Jugendlichen. Streetwork und Aktionsforschung im Wohnbereich.* Opladen 1976a, S. 43

103 Felixberger, P.: *Deutschlands nächste Jahre.* Hamburg 2009, S. 17

104 Opaschowski 1976a, S. 271

105 Opaschowski, H.: *Wie arbeiten wir nach dem Jahr 2000?* Hamburg 1989, S. 27

106 Opaschowski, H.: *Wie leben wir nach dem Jahr 2000?*, Hamburg 1988, S. 23

107 Ebenda

108 Opaschowski, H.: »Leben ist die Lust zu schaffen!« In: H. Hesse/B. Rebe (Hrsg.): *Vision und Verantwortung*. Hildesheim/Zürich/New York 1999b, S. 539

109 Solow, R.: »Ökonomen sind auch nur Klempner«. In: Süddeutsche Zeitung Nr. 276 vom 27. Nov. 2008, S. 27

110 Deutscher Bundestag / 11. Wahlperiode: Jahresgutachten 1990/91 zur Begutachtung der gesamtwirtschaftlichen Lage. BT-Drucksache Nr. 11/8472, 1991, S. 38

111 Siehe »Deutschland unter Glas« in: *Welt am Sonntag* vom 30.03.1986, S. 53

112 *Welt am Sonntag* vom 21.08.1988

113 Opaschowski, H.: »Was will der Verbraucher?« In: Bundesministerium für Wirtschaft und Technologie (Hrsg.): *Telekommunikation 2010*. Bonn/Berlin 2000, S. 81 f.

114 Opaschowski 1999a

115 Popper, K. R.: *Auf der Suche nach einer besseren Welt*. München 2002 (11. Aufl.), S. 156

116 Opaschowski, H.: »Umwelt und Tourismus«. In: touristik report 1985, S. IIff.

117 Opaschowski, H.: *Umwelt. Freizeit. Mobilität*. 2. Aufl., Opladen 1999c, S. 18

118 Kampfner, J.: *Warum Deutschland es besser macht*. Hamburg 2021, S. 20

119 Lehbert, S.: »Freiheit ist das Opfer«. Ein Interview mit Peter Sloterdijk. In: *DIE ZEIT* Nr. 51 vom 11. Dezember 2008

120 Siehe: Interview mit Wolfgang Schäuble. In: *DER SPIEGEL* Nr. 39 vom 21. September 2013, S. 68

121 Huxley, A.: *Wiedersehen mit der Schönen neuen Welt*. 2. Aufl., München/Zürich 1958

122 Roubini, N.: *Megathreats. 10 Bedrohungen unserer Zukunft – und wie wir sie überleben*. München 2022

123 Dixson-Declève, S.: SPIEGEL-Gespräch vom 21.01.2023, S. 66

124 Opaschowski, H.: *Die semiglückliche Gesellschaft*, Opladen, Berlin, Toronto 2020, S. 132